AF391398

NOUVELLE GRAMMAIRE FLAMANDE,

Contenant les Regles & les Fonde-mens solides, pour pouvoir bien lire, bien par-ler, & bien écrire cette Langue :

Tirée, avec grand soin, de divers Auteurs qui en ont traité, & rangée dans l'ordre qu'il falloit.

NIEUWE NEDERDUITSCHE SPRAAKKONST,

Behelzende de rechte Regelen en Gronden om de Nederduitsche Taal wel te lee-zen, spreeken en schryven :

Uit verscheidene Auteurs, die van deze stoffe heb-ben gehandeld, met groote vlyt te samengesteld, en op een behoorlyke orde gebracht.

A AMSTERDAM,

Chez PIERRE MORTIER, Libraire, sur le Vygen-dam, à la Ville de Paris. 1688.

AAN DEN

LEEZER.

'tGEbrek van een goede Nederduitfche Spraak-konft, en de noodzaakelykheid die 'er was om 'er een te hebben, aangezien de groote menigte van Vreemdelingen daar ons Land tegenwoordig mee vervuld is, hebben my de pen in de hand doen neemen om 'er een op te ftellen. 'k Wil gaarné bekennen, dewyl ik den arbeid van een ander nooit tot myn glorie heb zoeken te doen dienen, dat dit altemaal op verna niet uit myn eigen koker komt, en dat ik, om myn oogmerk te bereiken, 't welk was de Nederduitfche Taal, voor zo veel als 't mogelyk is, op vafte regelen te brengen, de befte Schryvers, welke van deze materie hebben gehandeld, daar toe gebruikt heb. Niettemin heb ik my van hun arbeid zodanig niet konnen bedienen, of ik heb 'er noch veel van het myne toe moeten bybrengen, daar my eenige opmerkingen, welken ik federt ettelyke jaaren nu en dan in het fchryven en leezen gemaakt heb, zeer wel toe te pas kwamen. 't Geen indien het nu noch echter niet al de volmaaktheid heeft die het wel behoorde te hebben; ten minften daarom verfchooning zal verdienen, dewyl het niet wel mogelyk is deze ftoffe zo naauwkeurig te verhandelen, als men omtrent lichter materien kan doen. 'k Heb dit gebrek in anderen aangemerkt; en helderder oogen als de mynen zullen ook wel gebreken in myn arbeid vinden, waar af ik uit al myn hert wenfchte verwittigd te zyn, om alzo de gelegentheid te hebben van de zelven in 't toekomende te verbeteren.

AU LECTEUR.

LE besoin qu'on avoit d'une bonne Grammaire Flamande, tant parce qu'il ne s'en trouvoit point, qu'à cause de la grande quantité d'Etrangers dont ce Païs fourmille à present, m'a fait prendre la plume pour tâcher d'en composer une. Comme je ne cherche point à me glorifier du travail d'autruy; je veux volontiers demeurer d'accord, que celuy-cy ne vient point tout à fait de moy à beaucoup prés : & que pour parvenir à mon but, qui est de donner des Régles solides à la Langue Flamande autant qu'il m'est possible, je me suis servy des meilleurs Ecrivains qui ayent traité de cette matiére. Cependant, je n'ay sçeu me servir si bien de leur Travail, qu'il ne m'ait encore fallu y apporter beaucoup du mien, à quoy ne m'ont pas peu servy les Remarques que j'ay faites depuis quelques années, soit en lisant, soit en écrivant. Mais si l'on ne trouve pas dans mon Travail toute la perfection qui seroit nécessaire; au moins merite-t-il quelque excuse, parce qu'il n'est pas bien possible de traiter si exactement cette matiére que d'autres plus aisées. J'ay remarqué ce manquement en d'autres; Et des yeux plus penetrans que les miens, trouveroient des defauts dans mon Travail, dont je serois fort aise d'être averty, pour avoir lieu de m'en corriger à l'avenir.

NEDERDUITSCHE SPRAAKKONST.

GRAMMAIRE FLAMANDE.

Van de deelen der Spraak-konst.	Des parties de la Grammaire.

D E Spraakkonst, of konst van wel te spreeken, word gemeenlyk verdeeld in vier groote deelen; waar af het eerste geheeten word d'*Ortographia*, bestaande in de verzameling en samenvoeging der letteren; het twede de *Prosodia*, of de goede en rechte uitspraak; het darde d'*Etymologia*, zynde de kennis van den oorspronk der Naam-en Werkwoorden, en der zelver schikking en verandering in de Tyden en Persoonen; en het vierde de *Syntaxis*, of de konst van het eene woord met het ander in een reden te samen te voegen.

L A *Grammaire*, ou l'*Art de bien parler*, est ordinairement divisée en quatre grandes parties, dont la premiére se nomme l'*Ortographe*, qui consiste en l'assemblage & en la jonction des lettres; La seconde est la *Prosodie*, ou la bonne & la veritable prononciation; La troisiéme est l'*Etymologie*, qui est la connoissance de l'origine des noms & des verbes, de leur ordre, & de leur changement dans les temps & dans les personnes; Et la quatriéme est la Syntaxe, ou l'art de joindre un mot avec l'autre dans un discours.

Van d'Ortographia.

De l'Ortographe.

D E Nederlanders gebruiken de volgende 26. Letteren.

L Es *Flamans se servent de* 26. lettres que voici:

a, b, c, d, e, f, g, h, i, j, k, l, m, n, o, p, q, r, s, t, u, v, w, x, y, z.

*Van de deeling en het onder-
scheid der Letteren.*

DE bovenstaande 26. Let-
teren worden gedeeld en
onderscheiden in zes Vocaa-
len of Klinkers , naamentlyk

a, e, i, o, *u, en y;*

en in twintig Consonanten of
Medeklinkers , te weeten;

b , c,d, f, g, h, j, k, l, m, n, p, q, r, s, t, v, w, x, z.

Van deze Klinkers worden
de *a* en *e* uitgesproken als in
't Fransch; de *i* en *u* als by de
Grieken en Latynen ; de *o* als
in 't Fransch , uitgezondert in
eenige woorden daar de klank
van de *o* zo helder niet en is ;
en de *y* gelyk de *i* in de eenlettergreepige Fransche woorden , als *fin, vin, lin,* &c.

De dubbelde Klinkers **aa** ,
ee, oo, uu, die in de Nederduitsche Taal zeer veel gebruikt worden , komen over
een met de lange *á, é, ó, ú*.

De *i* en *u* Klinkers, en de *j*
en *v* Medeklinkers , moeten
niet met malkander verward
worden , alzo ze van een
gantsch verscheelende kracht
en uitspraak zyn.

Wat d'uitspraak der Mede-
klinkers belangt : de *b* word
uitgesproken als in 't Fransch.
De *c* heeft by de meeste oude Nederduitsche Schryvers

*De la division & de la dif-
ference des lettres.*

LEs 26. lettres sus-mention-
nées , sont divisées & distinguées en ces six Voyelles ,
u, en y;
& en vingt consones ou consonan-
tes , sçavoir :

De ces voyelles, l'a & l'e se
prononcent comme en François ;
l'i & l'u, comme chez les Grecs
& chez les Latins ; l'o , comme
en François , excepté en quelques
mots , où le son de l'o n'est pas si
clair ; & l'y, comme l'i dans ces
monosyllabes François, **fin** , **vin**,
lin, &c.

Les doubles vôyelles , **aa, ee,
oo, uu,** dont on se sert fort en
Flamand , conviennent avec les
á, é, ó, ú, longs.

Mais l'i & l'u voyelles , &
l'j & l'v consones ne se doivent
pas confondre l'un avec l'autre,
parce qu'ils sont d'une force &
d'une prononciation toute diffe-
rente.

Pour ce qui est de la prononciation des consones , le b, se
prononce comme en François.
La plûpart des Ecrivains Fla-
mands donnent au c, le même son

de felve klank en kracht als by de Franfchen : doch tegenwoordig heeft men die manier van fpellen t'eenemaal verworpen ; en men ftelt voor de *a*, *o*, *u*, in plaats van de *c* de *k*; en voor de *e*, *i*, en *y*, daar ze fcherp klinkt, de *f*, en eenigen de *z*.

De *d* en *f* moeten uitgefproken worden als in 't Franfch.

De *g* word altyd uitgefproken als de *g* voor de Klinkers *a*, *o*, *u*, in 't Franfch.

De *h* word in 't uitfpreeken nooit verfweegen, even als in de Franfche woorden die niet van 't Griekfch of Latyn afdaalen, gelyk in *halebarde*, *haquenée*, *hazard*, *hauteur*.

De *j* heeft een gantfch andere uitfpraak als in 't Franfch, en even de zelve als in 't Latyn.

De *k*, *l*, *m*, *n*, *p*, *r*, hebben geen verklaaring van nooden, dewyl ze gantfch niet verfcheelen van deze zelve letteren in de Franfche Taal.

De *q*, die altyd de Klinker *u* achter zich heeft, word op de zelve wys uitgefproken als in 't Latyn, en tegenwoordig van de goede Nederduitfche Schryvers niet meer gebruikt dan in eigene naamen van uitheemfche Taalen, en in de baftaardwoorden die van fommigen onder het zuiver Hollandfch vermengd worden. Men gebruikt alfou

& la même force que les François. Mais à prefent on a rejetté cette maniére d'Ortographe ou de prononcer, & on met devant l'a, devant l'o, & devant l'u, le k au lieu du c; & devant l'e, l'i & l'y où le fon eft aigu, l'f, & quelques autres l'z.

Le d & l'f fe doivent prononcer, comme en François.

Le g eft toûjours prononcé, comme le g en François devant les voyelles a, o, u.

L'h ne fe fupprime jamais dans la prononciation, non plus que dans les mots François qui ne dérivent point du Grec ni du Latin, comme, halebarde, haquenée, hazard, hauteur.

L'j a une prononciation toute autre qu'en François, & mêmes la même qu'en Latin.

Le k, l, m, n, p, r, n'ont pas befoin de déclaration, parce qu'ils ne different point du tout des mêmes lettres en François.

Le q, qui a toûjours l'u aprés foy, eft prononcé de la même maniére qu'en Latin ; Et les bons Ecrivains Flamans ne s'en fervent plus que dans les noms propres des Langues Etrangéres, & dans les mots bâtards que quelques-uns entremêlent avec le pur Hollandois. On fe fert à prefent

de *kw* in de plaats van de *qu*, en schryft

    kwaad, kwaal,

en niet meer *quaad, quaal,* of 't geen noch veel arger is,

        quaet, quael.

Wat de *ʃ* en de *z* belangt, daar is al over lange jaaren groot geschil onder de Schryvers over de klank van deze twee letteren geweest. Tegenwoordig heeft het gebruik het in 't algemeen zo ver gebracht, dat de *z*, die zekerlyk het zelfde is als de *ds* of *ts*, de klank en kracht van de *ʃ* heeft gekreegen, en dat de *ʃ* uitgesproken word als in 't Fransch de *c* voor de Klinkers *e* en *i*, welke plaats zy ook alsnu by de meesten in 't Nederduitsch bekleed, of gelyk in de Fransche woorden,

    Santé, gezondheid; *Sageʃʃe*, wysheid.

De *t* en *u* luiden even als in 't Fransch.

De *w* word uitgesproken als de *v* in het woord *Valon*, 't geen men in 't Fransch by gebrek van *w* met een *v* schryft.

De *x* heeft de zelve klank als in d'andere Taalen, doch word tegenwoordig zeer vveinig gebruikt als in d'eigene naamen, en in des zelfs plaats de *kʃ* gesteld: want men schryft nu doorgaans *blikʃem*, in de plaats van *blixem*, enz.

Pour ce qui eʃt de l'ʃ & du z, il y a eu grande diʃpute depuis fort long-temps parmi les Ecrivains, ʃur la prononciation de ces deux lettres. A preʃent l'uʃage l'a ʃi fort emporté en général, que le z, qui eʃt aʃûrément le même que le dʃ ou le tʃ, a pris le ʃon & la force de l'ʃ, & que l'ʃ eʃt prononcé comme en François le c devant les voyelles c & i, dont il remplit auʃʃi la place preʃentement chez la plûpart dans le Flamand, ou comme dans les mots François,

    Santé, gezondheid; *Sageʃʃe*, wysheid.

Le t & l'v, ʃonnent de même qu'en François.

L'w eʃt prononcé comme l'v, dans le mot valon, qu'on écrit en François, par un v, faute d'w.

L'x a le même ʃon que dans les autres Langues, mais on s'en ʃert fort peu à preʃent, ʃi ce n'eʃt dans les noms propres, & on met à ʃa place le kʃ: car à cette heure, on écrit toûjours blikʃem, (éclair) au lieu de blixen, &c.

Van de (a) Tweeklanken en (b) Drieklanken.

DAar zyn 'er veel in de Nederduitſche Taal, die den Vreemdelingen geen kleine moeite veroorzaaken. Wy zullen 'er echter alle mogelyke lichtheid toe bybrengen, om hen hier in op 't gevoegelykſt te hulp te komen.

De Tvveeklanken dan zyn *ai* of *ay*, *au*, *ei* of *ey*, *eu*, *ie*, *oe*, *ou*, *ui* of *uy*.

De *ai* of *ay* komt over een met de *αι* der Grieken.

De *au* vvord kort afgebeeten, en heeft de zelve klank als in de Latynſche vvoorden die aldus geſchreeven worden, gelyk men hoort in *aut*, *aura*, *aurum*, enz.

De *ei* of *ey* vvord uitgeſproken als het Latynſche *hei!* en gelyk de *ei* in 't Franſch in het vvoord *reins*, of vvat langer als de *i* in de Franſche vvoorden *vin*, *fin*, gelyk in deze vvoorden, *klein*, *leiden*, *verbeiden*, vvelken ſommigen, die den ouden trant noch volgen, aldus ſchryven,

kleyn, *leyden*, *verbeyden*,

doch zonder eenige noodzaakelykheid, devvyl deze *y* in de gemelde vvoorden niet anders uitgeſproken vvord als de *i*.

Des Diphtongues & des Triphtongues.

IL y en a beaucoup dans la Langue Flamande, qui ne cauſent pas peu de difficulté aux Etrangers. Nous y apporterons neanmoins toute la clarté poſſible, pour leur en faciliter la connoiſſance.

Les Diphtongues donc, ſont ai ou ay, au, ei ou ey, eu, ie, oe, ou, ui ou vy.

L'ai ou l'ay s'accorde avec l'αι des Grecs.

L'au ſe prononce bref, & a le même ſon qu'en Latin, comme on l'entend dans ces mots aut, aura, aurum, &c.

L'ei ou l'ey, ſe prononce comme l'hey des Latins, & comme l'ei en François, dans le mot reins, ou un peu plus long que l'i dans les mots François, vin, fin, comme en ces mots klein, petit, leiden, conduire, verbeiden, attendre, que quelques-uns qui ſuivent encore la vieille mode, écrivent ainſi,

kleyn, leyden, verbeyden,

mais ſans aucune néceſſité, puis que l'y dans ces mots, ne ſe prononce point autrement que l'i ſimple.

A 3

(a) *Diphtongi.*   (b) *Triphtongi.*

De *au* vvord uitgefproken als in deze Franfche vvoorden, *yeux*, *œuf*, *jeu*.

Het geluid van de Tvveeklank *ie* kan vergeleeken vvorden met de *i* in deze Franfche vvoorden, *Sire*, *cire*, *lire*, *rire*, *pire*, enz.

De *oe* heeft geen fvvaarigheid, devvyl ze gantfchelyk overeenkomt met de *ou* in 't Franfch.

De *ou* heeft geen gelyk, in 't Griekfch, Latyn of Franfch, maar komt over een met deze Engelfche vvoorden, *bow*, *now*, *sow*, *kow*, *how*, enz. Leeft dan

houden, *tenir*, verkouden, *s'enrumer*, goud, *or*, koud, *froid*, hout, *bois*, brouwen, *braffer*, *&c.*

De *ui* of *uy* kan men eenigfins vergelyken met de Latynfche vvoordetjes *hujus*, *cujus*, *alicujus*; maar beter met de Griekfche vvoorden in *ʋi*. Doch ik moet hier dit zeggen, dat men veel beter fchryft,

buigen, *plier*, ftuiven, *faire pouffiére*, kluiven, buygen, ftuyven, kluyven,

om de zelve reden als ik hier voor in de Tvveeklank *ei* en *ey* gezegt heb.

De Drieklanken hebben met de Nederlanders gemein d'Italiaanen en Franfchen: maar geen van de hunnen komen eenigfins met die der Nederlanders over een; vveshalven

---

L'eu eft prononcé, comme en ces mots François, jeu, yeux, œufs.

Le fon de la Diphtongue ie peut être comparé avec l'i dans ces mots François, Sire, cire, lire, rire, pire, &c.

L'oe n'a aucune difficulté, puis qu'il s'accorde entiérement avec l'ou en François.

L'ou n'a point de comparaifon dans le Grec, ni dans le Latin, ni dans le François, mais il convient à ces mots Anglois, bow, now, fow, how, &c. Lifez donc

ronger, *que*, pour la même raifon que j'ai alléguée ci-devant au fujet de la Diphtongue ei ou ey.*

L'ui ou l'uy, fe peut en quelque façon comparer avec ces mots Latins, hujus, cujus, alicujus; mais mieux encore avec les mots Grecs in ʋi. Mais je dois dire en cét endroit, qu'on écrit beaucoup mieux,

Les Triphtongues font communes aux Flamans, aux François, & aux Italiens. Mais ceux-ci n'en ont point qui conviennent avec celles des Flamans; c'eft pourquoi je n'en

ik 'er geen vergelyking af vveet te geeven. Dit alleen kan men zeggen, dat ze altemaal met een langen adem uitge-sproken vvorden.

fçaurois faire aucune comparai-fon: feulement puis-je dire qu'on les doit toutes prononcer d'une longue haleine.

Wat het getal belangt, daar zyn 'er zes; naamentlyk,

Quant au nombre, il y en a fix, fçavoir:

aai of *aay*, of *aei* of *aey*, *aau* of *aeu*, *eeu*, *ieu*, *oei* of *oey*, en *ooi* of *ooy*.

In *aai*, *aay*, *aei* of *aey*, zyn *fraay*, *baay*, *draay*, *taay*, *kraay*, enz. die ook, hoevvel niet even goed, op d'andere manieren gefchreeven konnen vvorden.

En aai ou aay, aei ou aey, fe trouve fraay, *beau*, baay, *de la bayete*, draay, *tournement*, taay, *fouple*, kraay, *corneille, qu'on peut écrire d'une autre maniére, quoi qu'elle ne foit pas fi bonne.*

De Drieklank *aau* of *aeu* heeft deze vvoorden,

La Triphtongue aau ou aeu, a ces mots,

blaauw, *bleu*, graauw, *gris*, klaauw, *griffe*, laauw, *tiéde*, gaauw, *habile*, raauw, *crû*, naauw, *etroit*, maauw, *je miaule*, &c.

En eeu il y a leeuw, *lion*, meeuw, *mouvete*, gefchreeuw, *hurlement*, Zeeuw, *Zelandois*, fpreeuw, *étourneau*, *&c.*

En ieu fe trouve nieuw, *nouveau*, kieuw, *les ouyes d'un poif-fon*, hieuw, *je hachois.*

En oei ou oey, il y a groeit, *croit*, bloeit, *fleurit*, loeit, *mugit*, mooy, *tante*, *&c.*

En ooi ou ooy, fe trouve, kooy, *cage*, hooy, *foin*, mooy, *beau*, ooit, *onques*, nooit, *jamais*, plooy, *pli*, *&c.*

d'Uitfpraak dezer Drieklan-ken kan van de Franfchen, en andere Vreemdelingen, niet beter geleerd vvorden als met der zelver geluid te hooren voortbrengen.

Les François & les autres Etrangers ne peuvent pas mieux apprendre la prononciation de ces Triphtongues qu'en enten-dant proferer leur fon.

Van de
De la

PROSODIA. PROSODIE.

ALle de geenen, welke trachten een Taal te leeren fpreeken, moeten voornaamentlyk dit deel der Spraakkonft, *Profodia* genaamd, kennen. Hier aan is zo veel gelegen, dat, wanneer men een woord niet na den gewoonlyken toon of klank uitfpreekt, men van anderen niet verftaan zal worden. Want een woord van twee lettergreepen kan op tweederley wys uitgefproken worden, als by voorbeeld *appel*. Zo ik dit uitfpreek met den accent op d'eerfte lettergreep, en aldus gemerkt, *áppel*, betekent het een vrucht: maar den accent op de laatfte lettergreep zynde gefteld, aldus *appél*, beduit het een beroeping tot een hooger gerecht.

In deze gelegentheid, te weeten in de woorden die met de zelve letteren gefchreeven, en nochtans anders uitgefproken worden, en iets anders betekenen, zou ik den accent goed keuren; maar anders kan ik 'er gantfch geen noodzaakelykheid, maar wel een laftigheid in vinden. Immers

TOus ceux qui tâchent d'apprendre à parler une Langue, doivent principalement connoître cette partie de la Grammaire, qu'on nomme, Profodie. Cela importe fi fort, que fi vous ne prononcez pas un mot, felon le ton ou le fon ordinaire, on ne vous entendra point. Car un mot de deux fyllabes fe peut prononcer differemment, comme par exemple, appel, fi je le prononce avec l'accent fur la première fyllabe, & que je le marque ainfi, áppel, il fignifie alors un fruit ; mais l'accent étant mis fur la dernière fyllabe, & ainfi marqué appél, il fignifie alors un appel d'une Juftice Inférieure à une Supérieure.

Dans cette occafion, fçavoir dans les mots qui s'écrivent avec les mêmes lettres, & qui néanmoins fe prononcent autrement, & fignifient quelqu'autre chofe, j'approuverois l'accent ; mais autrement je n'y trouve du tout point de néceffité, mais bien de l'incommodité. Au moins ceux qui fçavent re-

die de Klinkers op een behoorlyke manier weeten te verdubbelen , daar het de klank vereischt , behoeven hun schrift
met geen accenten te belaaden;
maar die overal zonder onderscheid , kortheidts halven ,
maar enkelde Klinkers willen
gebruiken , gelyk eenigen
doen , hoewel zeer kwaalyk ,
die mochten de moeite wel
neemen dat ze zich in veele
woorden van accenten bedien-
den , op dat men zich niet
kon vergiffen , als in

doubler comme il faut les voyelles , où le son le requiert , ne
doivent point charger d'accent
leur écrit : mais ceux qui ne
veulent se servir que de simples
voyelles par tout sans distinction
pour l'amour de la briéveté ,
comme font quelques-uns , quoi
que fort mal , pourroient bien
prendre la peine de se servir
d'accents en beaucoup de mots,
afin qu'on ne se puisse pas abu-
ser , comme en

bedelen , *mendier* , & bedélen , *distribuer* , en beteren ,
amander , & betéren , *poisser* , en bekeren , *boire* , & beké-
ren , *se convertir* ; *qu'on peut beaucoup mieux écrire ainsi*, be-
deelen , beteeren & bekeeren ; & *en une centaine d'autres
encore.*

• Maar om eenige regelen van
de rechte uitspraak te geeven ,
zo dient u van de volgenden.

*Mais pour donner quelques
régles de la veritable prononciation , servez - vous des suivantes.*

Alle eenlettergreepige woordetjes zyn van natuure lang ,
als;

*Tous les Monosyllabes sont
naturellement longs , comme:*

meel , *farine* , zeel , *bretelle* , keel , *gorge* , &c.

De tweelettergreepige woorden hebben den accent meest
op den eersten Klinker, schoon
ze daar niet op gesteld word ;
zo wel Werkwoorden , waar
in men de klank doorgaans
uit de verdubbeling der klinkers ziet , als by voorbeeld ,

*Les dissyllabes ont , pour
la plûpart , l'accent sur la premiére voyelle , encore qu'il
n'y soit pas dessus ; soit que ce
soient des verbes , dont le son se
juge toûjours par le redouble-
ment des voyelles, comme par
exemple ,*

Iaaven, *rafraichir*, geeven, *donner*, leeven, *vivre*, beeven, trembler, *&c.* Als Naamwoorden, *foit que ce foient des noms, comme* Kéizer, *Empereur*, Kóning, *Roi,* Schípper, *Maître de Navire,* diénaar, *ferviteur,* kúffen, *couffin,* lépel, *cuillier ;* gréndel, *verroüil,* fchépel, *mine ou boiffeau de blé,* trómmel, *tambour, &c. excepté* gezél, *camarade,* bedíl, *cenfure continuelle,* Kapél, *Chapelle,* geftél, *appareil,* gekwél, *vexation,* bevél, *commandement,* gefwél, *apoftume,*

en eenige diergelyken, welke in de Nederduitfche *Dictionaria,* of Woordenboeken, tot verlichting der Vreemdelingen wel met accenten getekend behoorden te worden.	*& quelques femblables mots, qu'il eft bien à propos d'accentuer dans les Dictionnaires Flamans, pour foûlager les Etrangers.*
De drie-en meer lettergreepige Woorden en Naamen hebben den accent meeftendeel op de *antepenultimâ,* of de darde lettergreep van achteren, als *hüppelen, mángelen, wiffelen, verwiffelen, vermenigvúldigen,* enz.	*Les mots & les noms triffyllabes & polyffyllabes ont pour la plûpart l'accent fur l'antepenultiéme, comme* hüppelen, *fauteler,* mángelen, *troquer,* wiffelen, *changer,* verwiffelen, *rechanger,* vermenigvúldegen, *multiplier, &c.*
Sommigen op de *penultimâ,* of de twede van achteren, als *arbéiden, mifléiden,* enz. Zo hebben alle drie lettergreepige woorden met de voorzetfels *ver, be, ge, on, ont,* gelyk by voorbeeld, *verdórven, befchóoren, gevónden, onéerbaar, ontfángen, ontlóopen,* enz.	*Quelques-uns fur la pénultiéme, comme* arbéiden, *travailler,* mifléiden, *abufer. Ainfi en eft-il de tous les mots triffyllabes compofez des prépofitions* ver, be, ge, on, ont, *comme* verdórven, *corrompu,* befchóoren, *deftiné,* gevónden, *trouvé,* onéerbaar, *malhonnête,* ontfangen, *recevoir,* ontlóopen, *échapper en courant, &c.*
Doch dit zy hier van genoeg	*Mais en voilà affez. Les Fla-*

gezegt : de Nederlanders wee-ten de klank wel; en de Vreem-delingen moeten ze doch mondeling en door het ge-bruik leeren.

mans fçavent bien le fon ; les Etrangers le doivent apprendre, tant de bouche , que par l'u-fage.

Van de Etymologia.

L Aat ons nu overtreeden tot het voornaamfte deel der Spraakkonft , *Etymologia* ge-naamd , in het welk gehandeld word van d'oorfpronkelyk-heid der Naam- en Werkwoor-den , met alles wat daar aan behoort , mitsgaders van der zelver veranderingen , famen-voegingen , en onderfchei-dingen , en wat diergelyks meer is.

Dit gedeelte der Spraak-konft word by de Nederlan-ders verdeeld in negen deelen , waar af de vyf eerften veran-derlyk, en de vier overigen on-veranderlyk zyn, gezamentlyk de negen deelen van een Reden genoemd.

De naamen dezer negen dee-len zyn ,

De l'Etymologie.

P *Affons maintenant à la prin-cipale partie de la Grammai-re , qu'on nomme l'Etymolo-gie , où il eft traité de l'origine des noms & des verbes , & de tout ce qui leur appartient , en-femble de leurs changemens , de leurs conjugaifons , & de leurs diftinctions , & de tout ce qui y a du rapport.*

Les Flamans divifent cette partie de la Grammaire en neuf, dont les cinq premiéres qui font variables , & les cinq dernié-res qui font invariables , font nommées les neuf parties d'une Oraifon.

Les noms de ces neuf parties font

1. 't *Ledeken*	(Articulus)	l'*Article.*
2. 't *Naamwoord*	(Nomen)	le *Nom.*
3. 't *Voornaamwoord*	(Pronomen)	le *Pronom.*
4. 't *Werkwoord*	(Verbum)	le *Verbe.*
5. 't *Deelwoord*	(Participium)	le *Participe.*
6. 't *Bywoord*	(Adverbium)	l'*Adverbe.*
7. de *Voorftelling*	(Præpofitio)	la *Prépofition.*
8. 't *Koppelwoord*	(Conjunctio)	la *Conjonction.*
9. en 't *Inwerpfel*	(Interjectio)	& l'*Interjection.*

van de welken wy ieder in 't byzonder zullen handelen, doch zo kort als het immers mogelyk zal wezen, dewyl wy deze Spraakkonst voor geen kinderen maaken.

1. *Van het Ledeken.*

DE Ledekens zyn eengreepige woordetjes, welke voor de Naamwoorden gesteld worden, als *den*, *de*, *het*, *een*, *eene*; waar af wy het gebruik hier na zullen toonen.

2. *Van het Naamwoord.*

HEt Naamwoord is een veranderlyk woord, waar mede men eenige zaak zonder tyd betekent.

Dit Naamwoord word in alle Taalen verdeeld in een *Nomen substantivum*, of zelfstandig woord, dat 's te zeggen 't geen uit zich zelven kan bestaan, als *God*, *Engel*, *Mensch*, enz. en in een *Nomen adjectivum*, of aanhangig Woord, zynde een woord 't geen de hoedanigheid en eigenschap van een zaak betekent, als *goed*, *kwaad*, *lang*, *kort*, enz.

Wy zullen hier niet spreeken van de verdeelingen der Naamwoorden: die de Spraakkonst in eenige andere Taal geleerd heeft, zal ze wel weeten.

---

de chacune desquelles nous traiterons en particulier, mais le plus brièvement qu'il sera possible, à cause que nous ne faisons point cette Grammaire pour des Enfans.

1. De l'Article.

LEs *Articles sont des Monosyllabes, qu'on met devant les noms, comme* le, la, le, un, une; *dont nous allons montrer l'usage.*

2. Du Nom.

LE *Nom est un mot variable, par lequel on signifie quelque chose sans désignation de temps.*

Ce Nom se divise dans toutes les Langues, en Nom Substantif, c'est à dire, qui subsiste par soi même, comme Dieu, Ange, l'Homme & la Femme, *&c. &* en Nom Adjectif ou dépendant, *étant un mot qui signifie la qualité & la propriété d'une chose, comme* bon, méchant, long, court, *&c.*

Nous ne parlerons point ici des divisions des Noms. Qui a appris la Grammaire dans une autre Langue, les saura bien.

& d'Aanhangige Woorden zyn ook zeer verscheelende van de zelfstandige Woorden, daar in dat ze altemaal vergelyke-lyk zyn, uitgezondert de naa-men der getalen; *een*, *twee*, *drie*, enz..

Les Adjectifs different fort aussi des Substantifs, en ce qu'ils sont tous Comparatifs, excepté les noms des Nombres, un, deux, trois; &c. & les Participes.

Van de Vergelyking.

De la Comparaison.

DE Vergelyking (*Comparatio*) is een verandering van een Aanhangig Woord by trappen, welke drie in 't getal zyn, en de *Stellende* (positi-vus) de *Vergelykende* (comparativus) en d'*Overtreffende* (superlativus) genoemd wor-den.

LA Comparaison est une variation d'un Adjectif par degrez, qui sont au nombre de trois, qu'on nomme, le Positif, le Comparatif, & le Superlatif.

De Vergelyking is regel-maatig of onregelmaatig.

De regelmaatige is de geene, waar af de vergelykende trap er, en d'overtreffende *st* ont-fangt, als by voorbeeld:

La Comparaison est réguliére, ou irréguliére.

La réguliére est celle dont le Comparatif, reçoit er, & le Superlatif, st; comme par exemple:

1.	2.	3. trap. degré.
Geleerd	Geleerder	Aldergeleerdst.
Sçavant	*plus sçavant*	*le plus sçavant.*
Machtig	Machtiger	Aldermachtigst.
Puissant	*plus puissant*	*le plus puissant.*
Kloek	Kloeker	Alderkloekst.
Habile	*plus habile*	*le plus habile.*
Heerlyk	Heerlyker	Alderheerlykst.
Magnifique	*plus magnifique*	*le plus magnifique.*

Men zou hier eenige uit-zonderingen konnen maaken van woorden die in de verge-

On pourroit ici faire quelques exceptions des mots qui dans le Comparatif redoublent la der-

lykende trap (*Comparativus*) de laatfte medeklinker verdubbelen, als *dik dikker*, *laf laffer*, *dom dommer*, enz. mitfgaders van de geenen die *der* aanneemen, gelyk *klaar klaarder*, *fwaar fwaarder*, *duur duurder*, *zuur zuurder*, *mager magerder*, enz. maar deze fwaarigheden zullen door het gebruik wel haaft weggenomen worden, behalven dat het meeft altemaal eenlettergreepige woordetjes zyn. 't Is waar, men zou ● vafte regelen af konnen geeven, gelyk ook van eenige andere kleinigheden; doch al te veel regelen befwaaren de geheugenis te zeer.

d'Onregelmaatige Vergelyking is de geene die van den gemeenen regel afwykt, als by voorbeeld:

niére confone, *comme épais*, *plus épais*, *fade*, *plus fade*, *ftupide*, *plus ftupide*, *&c.* *Enfemble de ceux qui prennent der*, *comme* clair, *plus clair*, *pefant*, *plus pefant*, *cher*, *plus cher*, *aigre*, *plus aigre*, *maigre*, *plus maigre*, *&c.* *Mais l'ufage lévera bien vîte ces difficultez : outre que ce font tous pour la plûpart, des Monofyllabes. Il eft vrai, qu'on en pourroit donner des régles affurées, comme auffi de quelques autres minuties. Mais trop de régles ne font qu'embarraffer la mémoire.*

La Comparaifon *irréguliére, eft celle qui ne fuit point l'ordinaire, comme par exemple :*

1.	2.	3. trap. degré.
Goed - - - -	Beter - - - -	Beft.
Bon - - - -	*meilleur* - - -	*le meilleur.*
Kwaad - - -	Erger - - -	Ergft.
Mauvais - - -	*pire* - - - - -	*le pire.*
Veel - - - -	Meerder - - -	Meeft.
Beaucoup - - -	*plus* - - - -	*le plus.*
Weinig - - -	Minder - - -	Minft.
Peu - - - -	*moins* - - - -	*le moins.*

Merkt aan, dat men in de darde trap zegt *aldergeleerdft* of *geleerdft*, *aldermachtigft* of *machtigft*, *alderbeft* of *beft*, enz. en dat het even veel is, hoewel het een meer fchynt te

Remarquez qu'au troifiéme degré, on dit trés-fçavant ou le plus fçavant, trés-puiffant ou le plus puiffant, trés-bon ou le meilleur, &c. & que c'eft tout un, encore que l'un femble

betekenen als het ander, ge- | *fignifier plus que l'autre, comme*
lyk eenigen meenen , doch | *quelques-uns fe l'imaginent, mais*
zonder grond; want men heeft | *fans fondement ; car on n'a que*
niet meer als drie trappen. | *trois degrez de comparaifon.*

Van de Geflachten der Naam- | ## Des Genres des Noms.
woorden.

DEN Nederduitfche Taal heeft | *LA Langue Flamande a trois*
drie Geflachten , gelyk de | *Genres , comme la Gréque*
Griekfche en Latynfche , te | *& la Latine , fçavoir le Maf-*
weeten , 't *Mannelyk*, 't *Vrou-* | *culin , le Feminin & le Neu-*
welyk en het *Geenderley* ; by de | *tre.*
Latynen *Mafculinum* , *Fæmini-*
num , & *Neutrum*.

Voor de Manlyke en Vrou- | *Devant le Mafculin & le*
welyke Naamen ftelt men het | *Feminin , on met l'article* de,
Ledeken *de*; doch eenigen ftel- | *qui fignifie en François* le *ou* la ;
len voor de Manlyke *den*, als , | *mais quelques-uns mettent* den
den Keizer, den Koning, enz. | *devant le Mafculin , comme*
om een onderfcheid tuffchen | *l'Empereur , le Roi , &c.*
het Manlyk en Vrouwelyk | *pour avoir une difference entre*
Geflacht te hebben : 't geen ik | *le Genre Mafculin & le Femi-*
niet t'eenmaal kwaad kan keu- | *nin : ce que je ne defapprouve*
ren , hoewel onze befte Schry- | *pas entiérement , quoi que nos*
vers 'er tegen zyn. | *meilleurs Ecrivains le condam-*
| *nent.*

Voor het Geenderley Ge- | *Devant le Genre Neutre,*
flacht word het Ledeken *het* | *l'on met l'article* het , *qui s'ex-*
gefteld , als | *prime par* le *en François , com-*
| *me*

het *Vuur* , *le* feu , het *Water* , *l'eau* , het *Ys* , *la* glace ,
&c.

Om de Geflachten der | *Pour apprendre à connoître*
Naamwoorden te leeren ken- | *les Genres des noms , il faut*
nen , moet men de volgende | *prendre garde aux régles fui-*
regelen in acht neemen ; hoe- | *vantes ; bien qu'il foit prefque*
wel het byna onmogelyk zy | *impoffible d'établir les Genres*
de Geflachten in de Neder- | *dans la Langue Flamande , par-*

duitsche Taal gantsch vast te stellen, dewyl de beste Schryvers daar omtrent zeer dikwils verscheelen.

ce que les meilleurs Ecrivains different trés-souvent sur ce sujet.

Van het Manlyk Geslacht.

Du Genre Masculin.

1. ONder het Manlyk Geslacht behooren alle d'eigene naamen van Goden, Engelen, Menschen, en Duivelen; als

1. SOus le Genre *Masculin* doivent être mis tous les *noms propres de Dieux, d'Anges, d'Hommes & de Démons;* comme

Jupiter, *Jupiter,* Apollo, *Apollon,* Gabriël, *Gabriel,* Raphaël, *Raphael,* Adam, *Adam,* Abraham, *Abraham,* Lucifer, *Lucifer,* Satan, *Satan, &c.*

2. Alle naamen van Waardigheden, Ampten, Ambachten, enz. welke tot Mannen behooren; als

2. *Tous les noms de Dignitez, de Charges, de Métiers, &c. qui sont propres aux hommes; comme*

Paus, *Pape,* Keizer, *Empereur,* Koning, *Roi,* Edelman, *Gentilhomme,* Secretaris, *Secrétaire,* Boekhouder, *Teneur de Livres,* Timmerman, *Charpentier,* Metselaar, *Masson, &c.*

3. Alle naamen van Boomen, als,

3. *Tous les noms d'Arbres, comme,*

den Eik, *le Chêne,* den Esch, *le Frêne,* den Hazelaar, *le Coudrier, &c.*

4. Alle naamen van Dagen, als

4. *Tous les noms de Jours; comme*

Zondag, *Dimanche,* Maandag, *Lundi, &c.*

5. Alle naamen van Steenen, als,

5. *Tous les noms de Pierres; comme,*

den Agaat, *l'Agate,* den Turkoois, *Turquoise,* den Amethist, *l'Amethiste, &c.*

6. Alle naamen van Winden, als,

6. *Tous les noms de Vents; comme,*

den Oosten, *d'Orient,* den Westen, *d'Occident,* den Zuiden, *de Midi,* den Noorden Wind, *& de Septentrion, ou de Nord, &c.*

7. Alle naamen van de vier-voetige Dieren waar af de Wyfjes met geen byzondere naamen onderscheiden worden, als den *Elefant, Bever, Krokodil, Eenhoorn, Dromedaris, Haas,* enz.

Behalven dezen van het Vrouwelyk Geslacht, *de Kat, de Civetkat,*

En dezen van het Geenderley Geslacht, *het Paard, Swyn, Varken, Schaap, Lam, Hert, Kalf, Konyn,* en mogelyk noch eenige weinigen van beide deze Geslachten.

8. Alle naamen van Vogelen, den *Arend, Exter Kraay, Havik, Gier, Pellikaan, Papegaay,* enz. uitgezondert *de Duif, het Hoen,* en de naamen die met dezen te samengevoegd worden, als *Tortelduif, Veldhoen,* enz.

9. Alle naamen van Visschen, den *Aal, Baars, Braassem,* enz. behalven eenige weinigen van het Vrouwelyk Geslacht, als *de Griet, Tong, Schol,* enz.

Dezen zyn wel d'algemeenste regelen: 't geen 'er aan ontbreekt, moet men door het gebruik, en uit de beste Schryvers leeren.

7. *Tous les noms d'Animaux à quatre pieds, dont les femelles n'ont point de nom particulier, ou different de celui des mâles, comme l'*Eléphant, *le* Biévre, *le* Crocodile, *la* Licorne, *le* Dromadére, *le* Liévre, &c.

Excepté ceux du genre feminin, comme le Chat, *la* Civete,

Et ceux du genre neutre, comme le Cheval, *le* Sanglier, *le* Pourceau, *le* Mouton, *l'*Agneau, *le* Cerf, *le* Veau, *le* Lapin, & *peut-être encore quelque peu d'autres de ces deux genres.*

8. *Tous les noms d'*Oiseaux, *comme l'*Aigle, *la* Pie, *la* Corneille, *le* Sacre, *le* Vautour, *le* Pélican, *le* Perroquet, &c. *Excepté le* Pigeon, *la* Poule, & *les noms qui en sont composez, comme* Tourterelle, Perdrix, &c.

9. *Tous les noms de Poissons, comme l'*Anguille, *la* Perche, *la* Brame, &c. *excepté quelque peu d'autres qui sont du genre feminin, comme la* Barbuë, *la* Sole, *la* Plie, &c.

Ce sont là les régles les plus générales; l'usage, & les meilleurs Auteurs, peuvent suppléer à ce qui y manque.

Van het Vrouwelyk Geslacht.

1. HEt Vrouwelyk Geslacht begrypt alle d'eigene naamen van Godinnen en Vrouwen; als *Diana*, *Minerva*, *Venus*, *Vesta*, *Elizabeth*, *Debora*, *Rachel*, enz.

2. Alle naamen van Waardigheden, Ampten, Ambachten, enz. welke tot Vrouwen behooren; als *Keizerin*, *Koningin*, *Vorstin*, *Priesteres*, *Prophetes*, *Boodin*, *Naaister*, *Braaister*, enz.

3. Alle naamen van Rivieren, *de Jordaan*, *de Maas*, *de Schelde*, enz. behalven den *Amstel*, den *Ryn*, den *Tyber*, het *Y*, het *Spaare*, en misschien noch eenige weinigen.

4. Alle naamen van deugden en ondeugden, de *Gerechtigheid*, *Voorzichtigheid*, *Gierigheid*, *Boosheid*, enz. mitsgaders in 't algemeen alle naamen in *heid*.

5. Alle naamen in *ing* of *inge*, de *Zalving* of *Zalvinge*, *Schepping* of *Scheppinge*, *Wandeling*, *Zinking*, *Neering*, *Hanteering*, enz. Doch van het Manlyk Geslacht zyn deze eenlettergreepige woorden, den *ring*, *kling*, *kring*; en van het Geenderley het *ding*.

Du genre Feminin.

1. LE genre feminin comprend tous les noms propres de *Déesses* & de *Femmes*; comme, Diane, Minerve, Venus, Vesta, Elisabeth, Débora, Rachel, &c.

2. Tous les noms de *Dignitez*, de *Charges*, de *Métiers*, &c. qui sont propres aux Femmes; comme Impératrice, Reine, Princesse, Prétresse, Prophetesse, Messagére, Couturiére, Tricoteuse, &c.

3. Tous les noms de *Riviéres*, comme le Jordain, la Meuse, l'Escaut, &c. excepté le *Rhin*, le Tibre, l'*Amstel*, l'*Y*, le Spaar, & peut-être encore quelque peu d'autres.

4. Tous les noms de *Vertus* & de *Vices*, comme la Justice, la Prudence, l'Avarice, la Méchanceté, & généralement tous les mots terminez en heid.

5. Tous les noms qui se terminent en *ing*, ou inge, comme l'Onction, la Création, la promenade, la fluxion, le Commerce, le Négoce, &c. à l'exception des Monosyllabes suivans, Bague, Lame d'épée, Cercle, qui sont Masculin; & de celui-ci, sçavoir, Chose, qui est Neutre.

6. Alle naamen in *nis* of *nisse*, de *Groetenis* of *Groetenisse*, *Gebiedenis*, *Gevangenis*, *Duisternis*, enz. behalven het *Getuigenis*.

7. Alle naamen in *te*, de *Lengte*, *Hoogte*, *Hette*, *Warmte*, *Gemeinte*, enz.

8. Alle naamen in *y*, de *Brouwery*, *Verwery*, *Brandery*, *Bleekery*, enz.

Dit zy genoeg van het Vrouwelyk Geslacht, daar men veel meer regelen af zou konnen geeven, doch vermengd met een menigte van uitzonderingen; weshalven wy die achter wege laaten: 't gebruik zal het overige wel doen leeren.

Van het Geenderley Geslacht.

1. ONder het Geenderley Geslacht behooren alle naamen van Metaalen en Mineraalen; als *het Goud*, *Zilver*, *Koper*, *Tin*, *Lood*, *Yzer*, enz.

2. De naamen van de Gewesten der wereld, *het Noorden*, *het Zuiden*, *het Westen*, *het Oosten*.

3. Alle naamen van Koningryken, Landen, en Steden; als het *Plaizierig Vrankryk*, het *wydluftig Duitschland*, het *scheepryk Amsterdam*, enz.

6. *Tous les noms terminez en* nis, *ou* nisse ; *comme* salutation, racommodation, emprisonnement, obscurité, *&c. excepté*, témoignage.

7. *Tous les noms en* te ; *comme*, longueur, hauteur, ardeur, chaleur, communion, *&c.*

8. *Tous les noms en* y ; *comme*, Brasserie, Teinturerie, lieu où se fait l'Eau-de-vie, Blancherie, *&c.*

En voilà assez pour le genre feminin, dont on peut donner beaucoup plus de régles, mais entre mêlées d'une infinité d'exceptions ; c'est pourquoi nous les omettons : l'usage apprendra bien le reste.

Du Genre Neutre.

1. SOus ce genre *font compris tous les noms de Métaux*, *& de Mineraux ; comme l'*Or, l'Argent, *le* Cuivre, l'Etain, *le* Plomb, *le* Fer, *&c.*

2. *Les noms des quatre Parties du Monde, le* Nord, *le* Zud, l'Occident, l'Orient.

3. *Tous les noms des Royaumes, des Païs, & des Villes; comme la* charmante France, *la* vaste Allemagne, Amsterdam puissante en Vaisseaux, *&c.*

B 2

4. Alle *infinitiva* en *adverbia* als ze voor *ſubſtantiva* of zelfſtandige woorden genomen worden; gelyk *het ſlaapen*, *het eeten*, *het drinken*, *het ja*, *het neen*, enz.

5. Alle naamen in *ſchap*, het *Burgerſchap*, *Burgemeeſterſchap*, *Landvoogdſchap*, *Stadhouderſchap*, enz. behalven de *Vroedſchap*, *Boodſchap*, *Koopmanſchap*, *Eigenſchap Weetenſchap*, *Kondſchap*, *Blydſchap*, *Gramſchap*, *Graafſchap*, en noch eenige weinigen.

6. Alle naamen in *dom*, het *Pauſdom*, *Hertogdom*, *Vorſtendom*, *Biſdom*, enz. behalven *den Rykdom*, *den Ouderdom*, *de Maagdom*, *de Wasdom*.

7. Alle naamen in *ryk*, het *Keizerryk*, *Koningryk*, *Hemelryk*, *Aardryk*, enz.

8. Alle verkleinende naamen (*dimunitiva*) het *Mannetje*, *Wyfje*, *Kindtje*, of, gelyk eenigen ſchryven *Manneken*, *Wyfken*, *Kindeken*, enz.

9. Alle naamen in *ſel*, als het *Speekſel*, *Doopſel*, *Vormſel*, *Blociſel*, *Voedſel*, *Raadſel*, *Schepſel*, enz.

10. Alle naamen in *eel*, het *Paneel*, *Tooneel*, *Tafereel*, enz. behalven de *Keel*, *Veel*, *Kaneel*, en miſſchien noch eenige weinigen.

11. Alle naamen die van het Latyn of Franſch afdaalen, en in *ent* eindigen, als *Inſtru-*

4. *Tous les infinitifs, & tous les Adverbes, quand ils ſont pris pour Subſtantifs; comme le dormir, le manger, le boire, l'oüi, & le non, &c.*

5. *Tous les noms terminez en* ſchap; *comme la Bourgeoiſie, le Conſulat, Gouvernement de Province, Gouvernement de Ville, &c. excepté, Senat, Meſſage, Marchandiſe, Propriété, Science, Connoiſſance, Joye, Colére, Comté, & quelque peu d'autres.*

6. *Tous les noms en* dom; *comme* Papauté, Duché, Principauté, Evêché, *&c. excepté, Richeſſe, Vieilleſſe, Pucelage, Accroiſſement.*

7. *Tous les noms en* ryk; *comme,* Empire, Royaume, Ciel, Terre, *&c.*

8. *Tous les noms diminutifs; comme,* petit Homme, petite Femme, petit Enfant, *ou comme quelques-uns l'écrivent*

9. *Tous les noms en* ſel, *comme* Crachat, Baptême, Confirmation, Séve, Nourriture, Enigme, Créature, *&c.*

10. *Tous les noms en* eel; *comme* Paneau, Théatre, Tableau, *excepté* la Gorge, Violon, Canelle, *& peut-être encore quelque peu d'autres.*

11. *Tous les noms qui dérivent du Latin ou du François, & qui finiſſent en* ent; *comme*

ment, *Firmament*, *Sacrament*, enz.

Wyders, 't geen wy hier voor wegens de regelen van het Manlyk en Vrouwelyk Geslacht gezegt hebben, zy ook wegens die van dit Geslacht gezegt.

Aanmerking over de Geslachten der Naamwoorden.

MEn moet aanmerken, dat alle de *composita*, of samengestelde woorden, de natuur van hun *simplicia* of enkelde woorden volgen: als by voorbeeld, *Voorhuis*, *Achterhuis*, *Voorschip*, *Achterschip*, enz. zyn van het Geenderley Geslacht, om dat hun enkelde woorden het zyn; want men zegt, *het Huis*, *het Schip*, enz. behalven het samengesteld woord *Booswicht*, 't geen tot het Manlyk Geslacht behoort, hoewel het enkelde woord *Wicht*, betekenende een klein Kind, van het Geenderley Geslacht zy.

Men moet ook noch aanmerken, dat een woord, als het van twee of drie *substantiva* te samengesteld is, altyd het Geslacht van het laatste aanneemt. By voorbeeld, het samengesteld woord *Borst-been* is van het Geenderley Ge-

Instrument, Firmament, Sacrement, &c.

D'ailleurs, ce que nous avons dit cy-devant touchant les régles du genre masculin & du feminin, doit servir aussi touchant celles du genre neutre.

Observation sur les Genres des Noms.

ON *doit remarquer, que tous les Composez suivent la nature de leurs simples ; comme par exemple, le Porche, le derriére d'une Maison, le devant & le derriére d'un Navire, &c. sont neutres, à cause que leurs simples le sont ; car on dit* la Maison, le Vaisseau, &c. *excepté le mot composé,* Garnement *qui est masculin, quoi que le simple qui signifie un petit enfant, soit neutre.*

On *doit encore remarquer, qu'un mot composé de deux ou de trois Substantifs, prend toûjours le genre du dernier ; par exemple le mot composé,* os de poitrine, *est neutre, à cause qu'il se régle selon le mot* os, *qui est le dernier dans la compo-*

flacht, ter oorzaak dat het zich moet regelen na het woord *been*, 't welk het laatste in de famenftelling is, en niet na het woord *borft*, 't geen onder het Vrouwelyk Geflacht behoort. Alzo is ook het famengefteld woord *Jaarmarkt* van het Vrouwelyk Geflacht, volgende daar in het woord *markt*, 't welk van dat Geflacht is, en niet het woord *Jaar* dat onder het Geenderley behoort.

fition, *& non pas felon le mot*, poitrine, *qui eft feminin. Ainfi en eft il du mot compofé* foire, *qui eft feminin, car il fuit encela la nature du mot* marché, *qui eft de ce genre, & non pas celle du mot* année, *qui eft neutre.*

Van het Geflacht der Voornaamwoorden.

Du Genre des Pronoms.

DE *Pronomina*, of Voornaamwoorden, lyden geen andere veranderingen in de Geflachten als de volgenden.

LEs Pronoms ne fouffrent point d'autres changemens dans les genres, que les fuivans.

Manlyk. Mafculin.	Vrouwelyk. Feminin.	Geenderley. Neutre.
Die,	die	dat.
Celuy-là,	*celle-là*	*celui-là.*
Dezen *of* deze,	deze	dit
Celui-ci,	*celle-ci.*	*celui-ci.*
Geenen *of* geene,	geene,	geen.
Celui qui,	*celle qui,*	*celui qui*
Wie, welk *of* welke,	wie, welke	welk.
Qui, ou lequel,	*qui ou, laquelle.*	*qui, ou lequel.*
Myn,	myne	myn.
Mien,	*mienne.*	*mien.*
Zyn,	zyne	zyn.
Sien,	*fienne*	*fien.*
Uw,	uwe	uw.
Vôtre,	*vôtre,*	*vôtre.*

Onzen *of* onze　　　onze　　　ons.
Nôtre　　　　　　*nôtre*　　　*nôtre.*

Doch in het fpreeken zegt men altyd , noopende het Vrouwelyk Geflacht, *myn,zyn, uw* , verwerpende de *e* , als *myn Moeder* , *zyn Zufter* , *uw Dochter* , enz. om de teemachtige uitfpraak te vermyden ; en veele fchryven ook alzo.

Cependant , *en parlant on dit toûjours dans le Feminin* , myn, zyn , uw , *rejettant* l'e, *comme* , ma Mere , fa Sœur , vôtre Fille , *&c. pour éviter la trop lente & ennuyeufe prononciation; & quelques-uns même l'écrivent de la forte.*

Wy zullen van de *Pronomina* niet verder fpreeken , dewyl de Taalkundigen genoegfaam weeten wat een *Pronomen* is.

Nous ne parlerons donc pas davantage des Pronoms , puis que ceux qui ont connoiffance des Langues , fçavent fuffifamment ce que c'eft qu'un Pronom.

Van de Getallen der Naamwoorden.

Des Nombres de Pronoms.

DAar zyn 'er twee; het Eenvoud (*fingularis*) 't geen van een eenige zaak fpreekt , als *myn Vader* , *myn Oom* , enz. en het Meervoud (*pluralis*) 't welk van veele zaaken fpreekt, als *onze Vaders* , *onze Oomen* , enz.

IL y en a deux ; le fingulier, qui parle d'une chofe feule , comme , mon Pere , mon Oncle , *&c. & le pluriel , qui parle de plufieurs , comme ,* nos Peres , nos Oncles , *&c.*

Doch men heeft in de Nederduitfche Taal veele Naamwoorden , vvaar af het Meervoud of de *Pluralis* niet in het gebruik is : maar dewyl dusdanige dingen niet binnen de paalen van regelen gebracht konnen worden , zullen wy 'er ftilfvvygens overheen ftappen.

Mais on a en Flamand beaucoup de noms , dont le pluriel n'eft pas en ufage. Mais parce que cela paffe les bornes des Régles , nous n'en dirons pas davantage là deffus.

Van de verandering van het Eenvoud in het Meervoud.

Du changement du fingulier au pluriel.

ALle Naamwoorden veranderen hun Eenvoud in het Meervoud met de byvoeging van *en* of *s*, als *hand handen*, *boom boomen*, *dochter dochters*, enz.

1. Alle eenlettergreepige Woorden (*monofyllaba*) die twee of meer klinkers voor de laatfte Medeklinker , of die meer als een Medeklinker aan het eind hebben , neemen in het Meervoud *en* aan ; als *neus neuzen* , *ziel zielen* , *licht lichten* , *menfch menfchen* , enz. behalven *maat maats* , *knecht knechts* en *knechten* , *zoon zoons* en *zoonen*.

2. Alle zelfftandige Naamwoorden eindigende in *y* neemen ook *en* aan , als *brouwery brouweryen* , *veinzery veinzeryen* , enz.

3. Alle Naamwoorden welker Eenvoud in *f* eindigt , veranderen hun *f* in *v* , als *brief brieven* , *hof hoven* , *wolf wolven* , *graaf graaven* , *wyf wyven* , enz.

4. Alle eenlettergreepige Woorden die maar een Klinker , en aan het eind maar een Medeklinker hebben , verdubbelen de laatfte letter in het

TOus les *Noms changent leur Singulier au Pluriel* par *l'addition* d'en ou d'un s; *comme* main mains , arbre arbres , fille filles , &c.

1. *Tous les Monofyllabes qui ont deux ou trois voyelles immédiatement devant la derniére Confone , ou qui ont plus d'une Confone à la fin , admettent* en *au Pluriel , comme* né nez , ame ames , lumiére lumiéres , homme hommes , &c. *excepté* compagnon compagnons, ferviteur ferviteurs, fils fils , &c.

2. *Tous les Subftantifs terminez en* y , *reçoivent auſſi* en ; *comme* braſſerie braſſeries , diſſimulation diſſimulations, &c.

3. *Tous les noms dont le Singulier ſe termine en* f , *changent leur* f *en* v ; *comme* lettre lettres , cour cours , loup loups, Comte Comtes, femme femmes , &c.

4. *Tous les Monofyllabes , qui n'ont qu'une voyelle , & ſur la fin qu'une ſeule Confone , redoublent leur derniére lettre au Pluriel ; comme*

Meervoud ; als *bal ballen*, *zak zakken*, *rok rokken*, *stem stemmen*, *schut*, *schutten*, enz. behalven, *dag dagen*, *dak daken*, *dal dalen*, *gat gaten*, *glas glazen*, *God goden*, *hol holen* en *hollen*, *lot loten*, *pad paden*, *slag slagen*, *slot sloten*, *vat vaten*, *weg wegen*, *trek treken*, enz.

5. Men moet ook van dezen regel uitzonderen alle de geenen die een y voor hun laatste medeklinker hebben ; als *pyn pynen*, *wyn wynen*, *blyk blyken*, enz.

6. Alle de Naamwoorden eindigende in *dom*, *schap*, *in*, *et*, *el*, *as*, volgen den regel, en verdubbelen mede hun laatste medeklinker ; als *bisdom bisdommen*, *rykdom rykdommen*, *eigenschap eigenschappen*, *landschap landschappen*, *gezin gezinnen*, *pistolet pistoletten*, *musket musketten*, *gezel gezellen*, *harnas harnassen*, enz. behalven *ezel ezels* en *ezelen*, *kwezel kwezels*, *reuzel reuzels*.

7. Alle Naamwoorden welke uitgaan in *heid* neemen *eden* aan, *goedheid goedheden*, *schoonheid schoonheden*, *bevalligheid bevalligheden*, enz.

Uitzondering van eenige onregelmaatige Naamwoorden.

éteuf éteufs, *sac sacs*, *robe robes*, *paravent paravens*, &c. *excepté* jour jours, toit toits, valée valées, trou trous, verre verres, Dieu Dieux, creux creux, sort sorts, sentier sentiers, coup coups, serrure serrures, tonneau tonneaux, chemin chemins, tour tours, &c.

5. *On doit aussi excepter de cette régle tous les Monosyllabes qui ont un y devant leur derniére Consone ; comme* peine peines, vin vins, preuve preuves, &c.

6. *Tous les noms finissans en* dom, *en* schap, *en* in, *en* et, *en* el, *& en* as, *suivent la régle, & redoublent aussi leur derniére Consone ; comme* Evêché Evêchez, richesse richesses, proprieté propriétez, Païs Païs, famille familles, pistole pistoles, mousquet mousquets, camarade camarades, cuirasse cuirasses, &c. *excepté* asne asnes, une Dévote de Dévotes, murmure murmures.

7. *Tous les noms qui se terminent en* heid, *se changent en* eden ; *comme* bonté bontez, beauté beautez, grace graces.

Exception de quelques noms irreguliers.

Eenvoud. Singulier.	Meervoud. Pluriel.	
Been,	Beenders *en* beenderen.	*Os.*
Begryp,	Begrippen.	*Conception.*
Berd,	Berders *en* berderen.	*Planche.*
Blad,	Bladers *en* bladeren.	*Feüille.*
Ey,	Eyers *en* eyeren.	*Oeuf.*
Gemoed,	Gemoederen.	*Conscience.*
Hoen,	Hoenders *en* hoenderen.	*Poule.*
Kalf,	Kalveren.	*Veau.*
Kind,	Kinders *en* kinderen.	*Enfant.*
Kindeken,	Kinderkens.	*Petit Enfant.*
Kleed,	Klederen, kleeren.	*Habit.*
Koe,	Koeijen.	*Vache.*
Lam,	Lammeren.	*Agneau.*
Lidmaat,	Ledemaaten.	*Membre.*
Lied,	Liederen.	*Chanson.*
Lof,	Loveren.	*Féueillage.*
Rad,	Raden *en* raderen.	*Roüe.*
Schip,	Schepen.	*Vaisseau.*
Smit,	Smeden.	*Maréchal.*
Spaander,	Spaanders *en* spaanderen.	*Eclat de bois.*
Spit,	Speten.	*Broche.*
Stad,	Steden.	*Ville.*
Volk,	Volken *en* volkeren.	*Peuple.*
Zog,	Zeugen.	*Truye.*

Wat belangt het Meervoud der *Adjectiva*, dat word gemaakt met de byvoeging van e, als *goed goede, lang lange, kort korte*, enz.

Pour ce qui est du Pluriel des Adjectifs, il ne faut qu'ajoûter e au Singulier, pour le former; comme bon bons, long longs, court courts, *&c.*

Van de Declinatio of Buiging.

De la Déclinaison.

Wat de *Declinatio*, of buiging der Naamwoorden in de Nederduitsche Taal be-

La Déclinaison *ou l'Inflexion des noms Flamans, dépend de l'Article, aussi bien que*

langt, die hangt af, even ge- | dans le François, (excepté le
lyk in de Fransche , (uitge- | genitif du Singulier qui prend
zondert de *genitivus* van het | s ou n.) c'*est pourquoi nous
Eenvoud die *s* of *n* aanneemt) | le ferons voir ici dans tous les
van het Ledeken ; weshalven | genres & dans tous les cas , &
wy het zelve hier in alle Ge- | y joindrons les prépositions de
flachten en gevallen zullen | van & d'aan, qui en font com-
vertoonen , met de byvoeging | me inféparables.*
van de woordetjes *van* en *aan*,
die 'er als onaffcheidelyk van
zyn.

Manlyk Geflacht.

Genre Masculin.

Nomin. Den *of* de.		*Le.*
Genit. Des, *of* van den, *of* van de.		*Du , ou de.*
Dat. Den , *of* aan den , *of* aan de.		*Au* ou *A.*
Accuf. Den.		*Le.*
Ablat. Van den , *of* van de.		*Du , ou de.*

Om een voorbeeld hier af te | Pour en donner un exemple ,
geeven , zal ik het Ledeken | je joindrai l'*Article à un* Sub-
met een *fubftantivum*, of zelf- | *ftantif. Mais il faut remar-
ftandig woord buigen. Doch | quer ici, que lors que van for-
men moet hier aanmerken , | me le Génitif , il ne fe fait
als de *Genitivus* met *van* ge- | aucun changement dans le fub-
fchied , dat het *fubftantivum* | ftantif.*
alfdan geen verandering lyd.

Nomin. Den *of* de Vader.		*Le Pere.*
Genit. Des Vaders, *of* van den Vader , *of* van de Vader.		*Du Pere.*
Dativ. Den Vader , *of* aan den Vader , *of* aan de Vader.		*Au Pere.*
Accuf. Den Vader , *en nooit* de Vader.		*Le Pere.*
Ablat. Van den Vader , *By fommigen* van de Vader , *doch kwalyk.*		*Du Pere.*

Vrouwelyk Geflacht.

Genre Feminin.

Nomin.	De.	*La.*
Genit.	Der *of* van de.	*De la.*
Dativ.	De *of* aan de.	*A la,* ou *A.*
Accuf.	De.	*La.*
Ablat.	Van de.	*De la.*

't Ledeken in het Vrouwelyk Geflacht met een zelf-ftandig woord.

L'Article dans le Genre Feminin avec un Subftantif.

Nomin.	De Moeder.	*La Mere.*
Genit.	Der Moeder, *of* van de Moeder.	*De la Mere.*
Dat.	De Moeder, *of* aan de Moeder.	*A la Mere.*
Accuf.	De Moeder.	*La Mere.*
Ablat.	Van de Moeder.	*De la Mere.*

Geenderley Geflacht.

Genre Neutre.

Nomin.	Het.	*Le.*
Genit.	Des *of* van het.	*Du* ou *de.*
Dat.	Het *of* aan het.	*Au,* ou *A.*
Accuf.	Het.	*Le.*
Ablat.	Van het.	*Du,* ou *de.*

't Ledeken in het Geenderley Geflacht met een zelf-ftandig woord.

L'Article dans le Genre Neutre avec un Subftantif.

Nomin.	Het Kind.	*l'Enfant.*
Genit.	Des Kinds, *of* van het Kind.	*De l'Enfant.*

Dativ. Het Kind, *of* aan het Kind.   *A l'Enfant.*
Accuf. Het Kind.   *l'Enfant.*
Ablat. Van het Kind.   *De l'Enfant.*

Buiging van het Ledeken een.

Déclinaison de l'Article *un.*

Manlyk. Mafculin.	*Vrouwelyk.* Feminin.	*Geenderley.* Neutre.
Nom. Een, *Un.*	Een *of* eene, *Une.*	Een. *Un.*
Gen. Eens *of* eenes, *d'Un.*	Eener, *D'une.*	Eens *of* eenes. *D'un.*
Dat. Een *of* eenen. *A un.*	Eene *of* een. *A une.*	Een. *A un.*
Acc. Een *of* eenen. *Un,*	Eene *of* een. *Une,*	Een. *Un.*
Abl. Van een *of* van eenen. *D'un.*	Van eene *of* een. *D'une.*	Van een. *D'un.*

Men moet aanmerken, dat
dit Ledeken *Een*, *eene*, ook
geen verandering in de *Geni-*
tivus lyd, als 'er het woordetje *van* bygevoegd word.

Il faut remarquer que l'Ar-
ticle, un, une, *ne fouffre*
auffi aucun changement au Ge-
nitif, *quand il eft revêtu du*
mot van.

Van het Meervoud.

Du Pluriel.

HEt Meervoud van de Lede-
kens der drie Geflachten is
over al even eens, behalven in
de *Dativus* van het Manlyk en
het Geenderley, als 'er geen
aan bygevoegd word; by voorbeeld met zelfftandige woorden.

LE Pluriel des *Articles des*
trois genres, eft femblable en
tout & par tout, *horfmi au*
datif du Mafculin & du Neu-
tre, *quand le mot* d'aan *n'y*
eft point ajoûté ; *par exemple*
avec les noms fubftantifs.

Manlyk.	Masculin.
Nomin. De Vaders.	*Les Peres.*
Genit. Der Vaders , *of* van de Vaders.	*Des Peres.*
Dativ, Aan de Vaders , *of* den Vaders.	*Aux Peres.*
Accuf. De Vaders.	*Les Peres.*
Ablat. Van de Vaders.	*Des Peres.*

Vrouwelyk.	Feminin.
De Moeders.	*Les Meres.*
Der Moeders , *of* van de Moeders.	*Des Meres.*
Aan de Moeders.	*Aux Meres.*
De Moeders.	*Les Meres.*
Van de Moeders.	*Des Meres.*

Geenderley.	Neutre.
De Kinderen.	*Les Enfans.*
Der Kinderen , *of* van de Kinderen.	*Des Enfans.*
Aan de Kinderen , *of* den Kinderen.	*Aux Enfans.*
De Kinderen.	*Les Enfans.*
Van de Kinderen.	*Des Enfans.*

Van de Buiging der Pronomina of Voornaamwoorden.	De la Déclinaifon des Pronoms.

Eenvoud.	Singulier.
Nomin. Ik , Gy , Hy , Zy.	Nom. *Je ou moi , Vous , Lui , Elle.*
Genit. Myns , Uwes , Zyns , Haars.	Gen. *De moi , De vous , De lui , D'elle.*
Dativ. My , U , Hem , Haar.	Dat. *A moi , A vous , A lui , A elle.*
Accuf. My , U , Hem , Haar.	Acc. *Moi , Vous , lui , Elle ,*
Ablat. Van my , U , Hem , Haar.	Abl. *De moi , de vous , de lui , d'elle.*

Meervoud.	*Pluriel.*
Wy, Gylieden, Zylieden, *of* Gy, Zy.	*Nous, Vous, Ils ou Eux, Elles.*
Onzer, Uwer, Hunner.	*De nous, de vous, d'eux, d'elles.*
Ons, U, Hen.	*A nous, A vous, A eux, A elles.*
Ons, U, Hen.	*Nous, Vous, Eux, Elles.*
Ons, U, Hen.	*De nous, de vous, d'eux, d'elles.*

Men moet hier aanmerken, dat men in het Meervoud zegt *Gy* en *Zy* en *Gylieden* en *Zylieden*, en alzo in *dativo* en *accusativo* u lieden, en in *ablativo* van u lieden. Dit woord van *lieden* word 'er alleenlyk bygevoegd om een onderscheid tusschen het Eenvoud en het Meervoud te maaken; doch men gebruikt het niet veel.

Il faut ici remarquer, qu'on dit au Pluriel, gy & zy & gylieden & zylieden, & aussi au datif & à l'Accusatif u lieden, & à l'Ablatif van u lieden. Ce mot de Lieden n'y est mis seulement, que pour faire difference entre le Singulier & le Pluriel. Mais on ne s'en sert pas beaucoup.

Manlyk.		Masculin.	
Nomin.	Die, wie,	Nom.	*Celui-là, qui.*
Genit.	Diens, wiens,	Gen.	*De celui-là, de qui.*
Dativ.	Dien, wien,	Dat.	*A celui-là, à qui.*
Accuf.	Dien, wien,	Accuf.	*Celui-là, qui.*
Ablat.	Van dien, wien,	Ablat.	*De celui-là, de qui.*

Vrouwelyk.	Feminin.
Die, wie,	*Celle-là, qui.*
Dier, wier,	*De celle-là, de qui.*
Die, wie,	*A celle-là, à qui.*
Die, wie,	*Celle-là, qui.*
Van die, wie,	*De celle-là, de qui.*

Geenderley.	Neutre.
Dat, wat.	*Celui-là, qui.*
Diens, wiens.	*De celui-là, qui.*
Dat, vvat.	*A celui-là, à qui.*
Dat, wat.	*Celui-là, qui.*
Van dat, wat.	*De celui-là, qui.*

Het Meervoud van alle drie de Geslachten.

Le Pluriel de tous les trois Genres.

Nomin.	Die, wie.
Nomin.	*Ceux-là, celles-là, ceux-là, qui.*
Genit.	Dier, wier.
Genit.	*De ceux-là, de celles-là, de ceux-là, de qui.*
Dativ.	Die, wie.
Datif.	*A ceux-là, à celles-là; à ceux-là, à qui.*
Accuf.	Die, wie.
Accut.	*Ceux-là, celles-là, ceux-là, qui.*
Ablat.	Van die, wie.
Ablat.	*De ceux-là, de celles-là, de ceux-là, de qui.*

Merkt aan, dat men in de *Dativus* van het Manlyk en het Geenderley Geslacht ook zegt dien, wien, voornaamentlyk als 'er geen *aan* by gevoegd word.

Remarquez, qu'au Datif du genre Masculin & du Neutre, on dit dien, wien, principalement quand la préposition aan n'y est pas jointe.

	Manlyk.	*Vrouwelyk.*	*Geenderley.*
	Masculin.	Feminin.	Neutre.
Nomin.	Welk *of* welke.	Welke.	Welk.
Nom.	*Lequel.*	*Laquelle.*	*Lequel.*
Genit.	Welkers *of* welks.	VVelker.	VVelkers *of* welks.
Genit.	*Duquel.*	*De laquelle.*	*Duquel.*
Dativ.	VVelken.	VVelke,	VVelk.
Dat.	*Auquel.*	*A laquelle,*	*Auquel.*
Accuf.	VVelken.	VVelke.	VVelk.
Accut.	*Lequel.*	*Laquelle.*	*Lequel.*
Ablat.	Van welken.	VVelke.	VVelk.
Ablat.	*Duquel.*	*De laquelle.*	*Duquel.*

Het Meervoud van alle drie de Geslachten.

Le Pluriel de tous les trois Genres.

Nomin.	Welke.	*Lesquels, lesquelles, lesquels.*
Genit.	Welker.	*Desquels, desquelles, desquels.*
Dativ.	Welken.	*Auquels, ausquelles, ausquels.*
Accus.	Welken.	*Lesquels, lesquelles, lesquels.*
Ablat.	Van welken	*Desquels, desquelles, desquels.*

De *Pronomina possessiva*, of bezittende Voornaamwoorden, *myn*, *dyn*, *zyn*, worden aldus geboogen.

Les Pronoms possessifs, mon, ton, son, sont conjuguez de la maniére suivante.

	Manlyk. Masculin.	*Vrouwelyk.* Feminin.	*Geenderley.* Neutre.
Nomin.	Myn.	Myn *of* myne.	Myn.
Nom.	*Mon.*	*Ma.*	*Mon.*
Genit.	Myns.	Myner.	Myns.
Gen.	*De mon.*	*De ma.*	*De mon.*
Dativ.	Myn, mynen.	Myn *of* myne.	Myn.
Dat.	*A mon.*	*A ma.*	*A mon.*
Accus.	Myn, mynen.	Myn *of* myne.	Myn.
Accus.	*Mon.*	*Ma.*	*Mon.*
Ablat.	Van myn *of* mynen.	Myn *of* myne.	Myn.
Ablat.	*De mon.*	*De ma.*	*De mon.*

Het Meervoud van alle drie de Geslachten.

Le Pluriel de tous les trois Genres.

Nomin.	Myn *of* myne.	*Mes.*
Genitiv.	Myner.	*De mes.*
Dativ.	Myn *of* mynen.	*A mes.*
Accus.	Myn *of* mynen.	*Mes.*
Ablat.	Van myn *of* mynen.	*De mes.*

C

Van het Werkwoord.   Du Verbe.

HEt *Verbum*, of Werk-woord, is een veranderlyk woord, betekenende *doen*, *lyden*, of *weezen*, met d'om-ftandigheden van *den tegen-woordigen*, *den voorgaanden*, en *den toekomenden tyd*.

Alle Werkwoorden, (*verba activa*) eindigen in de Ne-derduitfche Taal in *en*, als *fpreeken*, *beminnen*, *reizen*, *trek-ken*, enz. behalven drie die in *aan* eindigen, naamentlyk *gaan*, *ftaan*, *flaan*, met de Woorden die daar van te famengefteld zyn, als *vergaan*, *begaan*, *over-gaan*, *opgaan*, *ingaan*, *ver-ftaan*, *beftaan*, *opftaan*, *uitftaan*, *onderftaan*, *verftaan*, *beftaan*, *opflaan*, *overflaan*, *inflaan*, enz.

Alle Lydwoorden (*verba paffiva*) eindigen in *worden*, als *bemind worden*, *gehaat wor-den*, *geflagen worden*, enz.

Daar zyn maar twee We-zendlyke Woorden, als *zyn* of *weezen*, en *worden*.

Onder de Werkwoorden worden eenige Overgaande Woorden (*verba tranfitiva*) ge-vonden, als deze navolgen-den, *beminnen*, *hooren*, *ontfan-gen*, *omhelzen*, *verzellen*, *hel-pen*, *dooden*, enz.

Als mede eenige Onover-gaande of Inblyvende Woor-

LE Verbe *est un mot varia-ble, qui fignifie, faire, pa-tir, ou être, par les circon-ftances du temps prefent, du paf-fé, & du futur.*

Tous les verbes Actifs, fi-niffent en en dans la langue Fla-mande; comme parler, ai-mer, voyager, tirer, &c. *Excepté trois qui fe terminent en* aan, *fçavoir* aller, être debout, battre, *avec tous leurs Compofez, comme* perir, com-mettre, paffer, monter, en-trer, entendre, confifter, fe lever, fouffrir, entreprendre, tuer, arrêter, rencherir, omettre, enfoncer, &c.

Tous les verbes Paffifs fi-niffent en worden; comme être aimé, être haï, être battu, &c.

Il n'y a que deux verbes Sub-ftantifs, être, & devenir.

Entre les verbes Actifs, il y en a quelques-uns de Tranfitifs, *comme les fuivans,* aimer, ouir, recevoir, embraffer, ac-compagner, aider, tuer, &c.

Comme auffi il y en a d'au-tres, qu'on appelle Intranfi-

den (*Verba intransitiva* vel *immanentia*) alwaar de daad in den werker blyft , gelyk by voorbeeld , *komen* , *loopen* , *gaan* , *staan* , *leeven* , *sterven* , enz.

Onder de Overgaande VVoorden zyn weer eenige VVederkeerige woorden (*verba reciproca seu reflexiva*) in de welken de daad tot den werker wederkeert ; als *zich verwonderen* , *schaamen* , *verheugen* , *vergrammen* , *verhaasten* , *bedroeven* , enz.

De Geenderley VVerkwoorden (*verba neutra*) zyn verscheiden ; want fommigen betekenen een plaats , fommigen een stand , en fommigen een hoedanigheid.

Van plaats , *blyven* , *woonen* , *toeven* , *wachten* , *vernachten* , *verblyf houden* , *overwinteren* , *ophouden* , enz.

Van stand , *staan* , *zitten* , *leggen* , *duuren* , *verdwynen* , *bloeijen* , *oud worden* , enz.

Van hoedanigheid , *Koning zyn* , *Heer zyn* , *wys zyn* , *zot zyn* , *vroom zyn* , enz.

De *Verba Deponentia* en *Communia* hebben in de Nederduitfche Taal geen gebruik of waarneeming.

Na deze verdeeling der VVerkwoorden , moet men de zelven aanmerken 1. in hun

tifs *ou demeurans* , *dans lefquels l'effet demeure dans l'Agent ;* comme par exemple , venir , courre , aller , être debout , vivre , mourir , &c.

Parmi les verbes Tranfitifs, *il s'en trouve encore quelques-uns de* Reciproques *ou* Reflexifs , *dans lefquels l'effet retourne jufqu'à l'Agent ;* comme , s'étonner , avoir de la honte , avoir de la joye , fe mettre en colere , fe hafter , s'affliger , &c.

Les verbes Neutres *font differens ; Car il y en a quelques-uns qui donnent à connoître une place , d'autres un état , d'autres une qualité.*

Ceux de place ; comme refter , demeurer , tarder , attendre , paffer la nuit , fejourner , hyverner , retenir , &c.

Ceux d'état ; comme être debout , s'affeoir , être gifant , durer , s'évanouïr , fleurir , viellir , &c.

Ceux de qualité ; comme être Roi , être maître , être fage , être fol , être homme de bien , &c.

Les verbes Deponens *&* Communs, *ne font point receus ni admis dans la Langue Flamande.*

Aprés cette divifion des verbes , il en faut confiderer , 1. *leurs* Qualitez , 2. *leurs* Genu

Hoedanigheden, 2. in hun *Ge-*
ſlachten, 3. in hun *Perſoonen*,
4. in hun *Wyzen*, 5. in hun
Tyden, en 6. in hun *Conjuga-*
tie of *Samenvoeging.*

res, 3. *leurs Perſonnes*, 4.
leurs Mœurs, 5. *leurs Temps*,
& 6. *leurs Conjugaiſons.*

Van de hoedanigheden der Werkwoorden.

Des qualitez des Ver-bes.

DE VVerkwoorden zyn
Perſoonlyke of Onper-
ſoonlyke (*perſonalia* aut *im-*
perſonalia.)

LEs *Verbes ſont* Perſonnels,
ou Imperſonnels.

De *Perſoonlyken* zyn de geenen die met de drie Perſoonen
geconjugeerd worden, als *ik*
bemin, gy bemint, hy bemint,
enz.

Les Perſonnels, *ſont ceux*
qui ſe conjuguent par les trois
perſonnes ; comme, j'aime, tu
aimes, il aime, &c.

De *Onperſoonlyken* zyn de
geenen die niet geconjugeerd
worden als in de darde perſoon van het Eenvoud, en
die altyd 't ledetje *het* voor
zich hebben, als *het regent, het*
regende ; het heeft geregend ; het
hagelt, het ſneeuwt, het dondert,
het blikſemt, het weerlicht,
enz. De zodanigen konnen
ook *Geenderley Werkwoorden*
genoemd worden, dewyl 'er
anderen zyn die wy *Werken-*
den of *Lydenden* zullen heeten.

Les Imperſonnels, *ſont ceux*
qui ne ſont conjuguez qu'en la
troiſiéme perſonne du Singulier,
& *qui ont toûjours l'Arti-*
cle il *devant eux ; comme*, il
pleut, il pleuvoit, il a pleu ;
il grêle, il neige, il tonne,
il luit, il éclaire, &c. *Ces*
ſortes de Verbes ſe peuvent auſſi
nommer Neutres ; *à cauſe*
qu'il y en a d'autres, que
nous appellerons Actifs *ou* Paſſifs.

VVy noemen *Werkenden* de
geenen die het ledetje *men* voor
zich hebben, als *men zegt,*
men ſpreekt, men ſlaat, men
ſteekt, enz.

Nous nommons Actifs, *ceux*
qui ont la particule on *devant*
eux ; comme, on dit, on parle, on bat, on perce, &c.

De *Lydenden* worden uitgedrukt door *het word* of *daar*

Les Paſſifs *s'expriment par*
il eſt, *ou* on eſt, &c. *com-*

word; als *het of daar word ge-*
zegt, daar word gehoord, daar
word gezien, enz.

me, il eſt dit, ou il ſe dit, on
entend, on voit, &c.

Van hun Geſlachten.

De leurs Genres.

DE Nederlanders hebben
'er drie in hun Taal, te
weeten, het *Werkend,* het *Ly-*
dend, en het *Geenderley.*

De *Werkende* woorden zyn
de geenen die een werking te
kennen geeven, welke betrek-
king tot een perſoon of zaak
heeft, en die men Overgaan-
den (tranſitiva) kan noemen,
als *beminnen, haaten, maaken,*
breeken, ſlaan, ſtooten, enz.

De *Lydende Woorden* heb-
ben een betekening van lyden,
als *bemind worden, gehaat wor-*
den, geſlagen worden, enz.

De *Geenderley Woorden* zyn
die een abſolute en onover-
gaande daad te kennen geeven,
als *gaan, komen, blyven,* enz.
en dezen konnen nooit *Lyden-*
de Woorden worden, gelyk de
Werkenden.

LEs Flamans en ont trois
dans leur Langue, ſçavoir
l'Actif, le Paſſif & le Neutre.

Les Verbes Actifs *ſont ceux*
qui donnent à connoître une
action qui ſe tranſporte à une
perſonne ou à une choſe, &
qu'on peut fort bien nommer par
cette raiſon, Tranſitifs; *com-*
me, aimer, haïr, faire, rom-
pre, battre, pouſſer, *&c.*

Les Paſſifs *ont une ſignifica-*
tion paſſive; comme être aimé,
être haï, être battu, *&c.*

Les Neutres, *ſont ceux qui*
marquent une action abſoluë &
Intranſitive, *pour ainſi dire;*
comme, aller, venir, demeurer, *&c. & ceux-là ne peu-*
vent jamais devenir Paſſifs,
comme les Actifs.

Van de Perſoonen.

De leurs Perſonnes.

DAar zyn 'er drie, als *ik be-*
min, gy bemint, hy bemint,
in het Eenvoud; en in het
Meervoud, *wy beminnen, gy*
of *gylieden bemint, zy of zylie-*
den beminnen.

IL y en a trois; *comme* j'aime, tu aimes, il aime,
au ſingulier; nous aimons,
vous aimez, ils aiment, *au*
pluriel.

Van de Wyzen.

DE Wyzen (*modi*) der Woorden zyn vier, gelyk in het Franſch; naamentlyk de *Toonende Wys*, de *Gebiedende Wys*, de *Aanvoegende of Wenſchende Wys*, en de *Onbepaalde Wys*, die het Grondwoord is: in 't Latyn geheeten, *Modus Indicativus*, *Modus Imperativus*, *Modus Subjunctivus* aut *Conjunctivus* aut *Optativus*, en *Modus Infinitivus*. 't Gebruik dezer *Wyzen* weeten de geenen wel die eenigſins in Taalen ervaren zyn, weshalven wy 'er hier niet af zullen ſpreeken.

De leurs Mœufs.

LEs *Mœufs ou les maniéres des Verbes, ſont quatre, comme en Franç̧ois, ſ̧avoir l'Indicatif, l'Imperatif, le Subjonctif ou l'Optatif, & l'Infinitif, qui eſt le fondement; & ils ne ſont pas nommez autrement en Latin. L'uſage de ces maniéres ou de ces Mœufs n'eſt pas ignoré de ceux qui ſont tant ſoit peu verſez dans les Langues; c'eſt pourquoi nous n'en dirons pas davantage.*

Van de Tyden.

DE Tyden (*tempora*) zyn in de *Toonende Wys* vyf, als

De leurs Temps.

IL *y a dans l'Indicatif du Verbe Actif, cinq ſortes de Temps, ſ̧avoir.*

	Præſens.	De Tegenwoordige		Le Preſent.
	Præt. Imperfectum.	De Onvolmaakte voorleede		Le Preterit imparfait.
Tempus	*Præt. Perfectum.*	De Volmaakte voorleede	Tyd.	Le Preterit parfait.
	Præt plusquam perfectum.	De Meer - als - Volmaakte voorleede		Le Preterit plusque parfait.
	Futurum.	De Toekomende		Le Futur.

Doch de *Aanvoegende* of *Wenschende Wys* heeft 'er zeven, te weeten *twee Onvolmaakte* en *twee Meer-als-volmaakte Tyden.* Van gelyken heeft 'er de *Toonende Wys* in *passivo* zeven, naamentlyk *twee Volmaakte* en *twee Meerals-volmaakte Tyden.*

Mais le Subjonctif *ou* l'Optatif *en a sept ; sçavoir deux* Imparfaits *, & deux* plus-que Parfaits. *Il y en a aussi sept dans l'*Indicatif *du Verbe* Passif *, sçavoir deux* Parfaits *, & deux* plus-que Parfaits.

Van de Samenvoeging.

De la Conjugaison.

DE Samenvoeging (*conjugatio*) is een buiging en verandering der VVerkwoorden volgens de verscheidene Tyden, Persoonen, en VVyzen. VVat het getal dezer *Samenvoegingen* in de Nederduitsche Taal belangt, wy stellen 'er maar een, om te minder belemmering te hebben, en zeggen rond uit, hoewel anderen zulks tegenspreeken, dat alle de VVerkwoorden, die dezen regel niet en volgen, *Anomala* of *Regelstrydige Woorden* zyn. Doch eer wy tot deze *Samenvoeging* komen, zal het alvoorens noodig wezen van de *Hulpwoorden* te spreeken, dewyl vvy zonder der zelver hulp geenig Werkwoord conjugeeren konnen.

LA Conjugaison *n'est qu'un fléchissement & une variation des Verbes, selon la difference des Temps, des Personnes, & des Mœufs. Pour ce qui regarde le nombre des Conjugaisons en Flamand, nous n'en admettons qu'une, pour causer moins d'embarras, & nous disons absolument, quoi que d'autres s'y opposent, Que tous les verbes qui ne suivent pas cette regle sont* Anomaux *ou contraires à la Regle. Mais avant que de venir à cette Conjugaison, il sera nécessaire de parler auparavant, des Verbes auxiliaires, puis que nous ne sçaurions nous en passer, pour conjuguer aucun Verbe.*

Van de Hulpwoorden.

DE Nederduitschen hebben mede eenige *Hulpwoorden*, gelyk d'Italiaanen, Spanjaarden, Franschen, Engelschen, Deenen, en meer andere Gothsche Volkeren, welken de Hebreen, Grieken, en Latynen niet en hebben. De *Hulpwoorden* zyn dezen : *Hebben* en *Zyn* of *Weezen*; daar men noch by mag voegen, *Zullen*, *Worden*, *Mogen*, *Konnen*.

Het Hulpwoord *Hebben* maakt in de Nederduitsche Taal alle Volkomene Tyden in alle VVyzen.

Door het Hulpwoord *Zyn* of *Weezen* worden gemaakt in eenige *Verba Neutra* en *Intransitiva*, en in alle *Verba Reciproca*, de Volkomene Tyden, als 't *Perfectum* en 't *Plusquam Perfectum*.

Door het VVoordtje *Zullen* worden alle *Futura* of Toekomende Tyden gemaakt.

Door het VVoordtje *Worden* worden alle *Passiva* of Lydende VVoorden gemaakt.

Door de VVoordjes *Mogen* en *Konnen* word de *Modus Potentialis* gemaakt.

VVy zullen nu vervolgens alle de *Hulpwoorden* stellen in hun VVyzen en Tyden.

Des Verbes Auxiliaires.

LEs Flamans en ont quelques-uns, de même que les Italiens, les Espagnols, les François, les Anglois, les Danois, & plusieurs autres Peuples Gothiques ; mais les Hébreux, ni les Grecs, ni les Latins n'en ont point. Les verbes *Auxiliaires* sont ceux-ci ; Avoir & Etre : ausquels on peut encore ajoûter, Devenir & Pouvoir.

Le verbe *Auxiliaire*, avoir, fait dans la Langue Flamande tous les Temps Parfaits en tous les Mœufs.

Le verbe *Auxiliaire*, être, fait en quelques verbes Neutres & Intransitifs, & en tous les verbes Réciproques, le Prétérit parfait, & le Plus-que Parfait.

Par le verbe Zullen, sont formez tous les Futurs.

Par le verbe VVorden, sont formez tous les verbes Passifs.

Et par ceux-ci, Mogen & Konnen, se forme le Mœuf de Puissance, qu'on appelle en Latin, Modus Potentialis.

Nous mettrons maintenant tout d'une suite, tous les verbes Auxiliaires.

Samenvoeging van het Hulpwoord, hebben.

Conjugaifon du verbe Auxiliaire, *avoir*.

TOONENDE WYS.
L'INDICATIF.

Tegenwoordige Tyd.

Le Temps Prefent.

Eenv. Singul.		Meerv. Plur.	
Ik heb,	*J'ai.*	VVy hebben.	*Nous avons.*
Gy hebt,	*Tu as.*	Gy of gy lieden hebt.	*Vous avez.*
Hy heeft,	*Il a.*	Zy of zy lieden hebben.	*Ils ont.*

VVy ftellen hier gy of gy-lieden, en zy of zylieden, ter oorzaak dat het alle beiden gebruikt word : doch zy lieden is tegenwoordig byna t'eenemaal uit het gebruik geraakt ; weshalven wy 'er ons niet meer af zullen dienen.

Nous mettons ici, gy ou gy lieden, & zy ou zy lieden, à cause qu'on se peut servir de tous les deux. Mais comme zy lieden, est presqu'entiérement hors d'usage à present, nous ne nous en servirons plus.

Onvolmaakte Tyd.
L'Imparfait.

Ik had,	*J'avois.*	VVy hadden.	*Nous avions.*
Gy had,	*Tu avois.*	Gy l. had *of* haddet.	*Vous aviez.*
Hy had,	*Il avoit.*	Zy hadden.	*Ils avoient.*

Aanmerkt dat deze Tyd in 't Nederduitsch ook dient voor het *Præteritum perfectum definitivum* der Franschen, 't geen eigentlyk d'*Aoriftus* der Grieken is, als *J'eus*, *ik had.*

Notez qu'en Flamand, ce Temps sert auffi pour le Prété-rit parfait defini des François, qui est proprement l'Aoriste des Grecs, comme J'eus, ik had.

Volmaakte Tyd.

Le Preterit parfait Indefini.

$$\left\{\begin{array}{l}\text{Ik heb}\\ \text{Gy hebt}\\ \text{Hy heeft}\end{array}\right\}\text{gehad.}\left\{\begin{array}{l}\textit{J'ay}\\ \textit{Vous avez}\\ \textit{Il a}\end{array}\right\}\textit{eu.}$$

$$\left\{\begin{array}{l}\text{Wy hebben}\\ \text{Gy l. hebt}\\ \text{Zy hebben}\end{array}\right\}\text{gehad.}\left\{\begin{array}{l}\textit{Nous avons}\\ \textit{Vous avez}\\ \textit{Ils ont}\end{array}\right\}\textit{eu.}$$

Meer-als-Volmaakte Tyd.

Plus-que Parfait.

$$\left\{\begin{array}{l}\text{Ik had}\\ \text{Gy had}\\ \text{Hy had}\end{array}\right\}\text{gehad.}\left\{\begin{array}{l}\textit{J'avois}\\ \textit{Tu avois}\\ \textit{Il avoit}\end{array}\right\}\textit{eu.}$$

$$\left\{\begin{array}{l}\text{Wy hadden}\\ \text{Gy l. had}\\ \text{Zy hadden}\end{array}\right\}\text{gehad.}\left\{\begin{array}{l}\textit{Nous avions}\\ \textit{Vous aviez}\\ \textit{Ils avoient}\end{array}\right\}\textit{eu.}$$

Toekomende Tyd.

Futur.

$$\left\{\begin{array}{l}\text{Ik zal}\\ \text{Gy zult}\\ \text{Hy zal}\end{array}\right\}\text{hebben}\left\{\begin{array}{l}\textit{J'aurai.}\\ \textit{Tu auras}\\ \textit{Il aura.}\end{array}\right\}$$

$$\left\{\begin{array}{l}\text{Wy zullen}\\ \text{Gy l. zult}\\ \text{Zy zullen}\end{array}\right\}\text{hebben.}\left\{\begin{array}{l}\textit{Nous aurons.}\\ \textit{Vous aurez.}\\ \textit{Ils auront.}\end{array}\right\}$$

Gebiedende Wys.

l'Imperatif.

Ayez.	Hebt gy.	Hebben wy , *of* laat ons hebben.	*Ayons*
Qu'il ait.	Dat hy hebbe , *of* laat hem hebben.	Hebt gy lieden. Dat zy hebben , *of* laat hen hebben.	*Ayez Qu'ils ayent.*

AANVOEGENDE of WENSCHEN-DE WYS.

SUBJONCTIF, ou OPTATIF.

Tegenwoordige Tyd.

Le Temps Present.

Eenv. Singul.

Dat { Ik hebbe. / Gy hebbet. / Hy hebbe. } *Dieu veuille que* — *J'aye.* / *Tu ayes.* / *Il ait.*

Meerv. Plur.

{ Wy hebben. — *Nous ayions.* / Gy l. hebbet. — *Vous ayiez.* / Zy hebben. — *Ils ayent.* }

1. *Onvolmaakte Tyd.*
Le 1. Imparfait.

Dat { Ik hadde. / Gy haddet. / Hy hadde. } *Plût à Dieu que* — *J'eusse.* / *Tu eusses.* / *Il eût.*

{ Wy hadden. — *Nous eussions.* / Gy l. haddet. — *Vous eussiez.* / Zy hadden. — *Ils eussent.* }

2. *Onvolmaakte Tyd.*
Le 2. Imparfait.

Als { Ik zoude / Gy l. zoud / Hy zoude } hebben. { *J'aurois* / *Tu aurois* / *Quand Il auroit* } *eu.*

{ Wy zouden / Gy l. zoud / Zy zouden } hebben. { *Nous aurions* / *Vous auriez* / *Ils auroient* } *eu.*

Men zegt ook door verkor-
ting *ik zou* en *hy zou*; maar om
niet geftadig tot deze herhaaling genoodzaakt te weezen,
zullen wy maar *zoude* alleen
gebruiken.

On dit auffi par abréviation,
ik zou & hy zou ; *mais pour
n'être pas toûjours obligé à cette répétition , nous ne nous fer-
virons que de* zoude.

Volmaakte Tyd.

Le Parfait.

Dat
{ Ik hebbe
{ Gy hebbet } gehad.
{ Hy hebbe

{ J'aye
Encore que { Tu ayes } eu.
{ Il ait

{ VVy hebben
{ Gy l. hebbet } gehad.
{ Zy hebben

{ Nous ayions
{ Vous ayiez } eu.
{ Ils ayent

1. *Meer-als-volmaakte Tyd.*

1. Plus-que Parfait.

Dat
{ Ik hadde
{ Gy haddet } gehad.
{ Hy hadde

{ J'euffe
Plùt à Dieu que { Tu euffes } eu.
{ Il eût

{ VVy hadden
{ Gy l. haddet } gehad.
{ Zy hadden

{ Nous euffions
{ Vous euffiez } eu.
{ Ils euffent

2. *Meer-als-volmaakte Tyd.*

2. Plus-que Parfait.

Als
{ Ik zoude
{ Gy zoud } gehad hebben.
{ Hy zoude

{ J'aurois
Quand { Tu aurois } eu.
{ Il auroit

{ VVy zouden
{ Gy l. zoud } gehad hebben.
{ Zy zouden

{ Nous aurions
{ Vous auriez } eu.
{ Ils auroient

Toekomende Tyd.
Le Futur.

Als
{ Ik zal
  Gy zult
  Hy zal } gehad hebben.
{ Quand
  J'auray
  Tu auras
  Il aura } eu.

{ VVy zullen
  Gy l. zult
  Zy zullen } gehad hebben.
{ Nous aurons
  Vous aurez
  Ils auront } eu.

Onbepaalde Wys.
l'Infinitif.

Tegenwoordige en Onvolmaakte Tyd.
Le Present & l'Imparfait.
Hebben.   Avoir.

Volmaakte en Meer-als-volmaakte Tyd.
Le Parfait & le Plus-que Parfait.
Gehad hebben.   Avoir eu.

Deelvvoord.
Le Participe.

Tegenwoordige en Onvolmaakte Tyd.
Le Present & l'Imparfait.
Hebbende.   Ayant.

Volmaakte en Meer-als-volmaakte Tyd.
Le Parfait & le Plus-que Parfait.
Gehad hebbende.   Ayant eu.

Toekomende Tyd.
Participe Futur.

(a) Zullende hebben. Devant avoir, ou qui auroit.

(a) *Habiturus.*

Lydend Deelwoord.
Participe paſſif.

Gehad.　　　　*Eu.*

Samenvoeging van het Hulpwoord, Zyn of Weezen.
Conjugaiſon du verbe Auxiliare *zyn* ou *weezen,*être.

TOONENDE WYS.
INDICATIF.

Tegenwoordige Tyd.

Le Preſent.

Eenv.	*Sing.*	*Meerv.*	*Plur.*
Ik ben.	*Je ſuis.*	VVy zyn.	*Nous ſommes.*
Gy zyt.	*Tu es.*	Gy l zyt.	*Vous etes.*
Hy is.	*Il eſt.*	Zy zyn.	*Ils ſont.*

Onvolmaakte Tyd.

l'Imparfait.

Ik was.	*J'étois.*	VVy waren.	*Nous étions.*
Gy waart.	*Tu étois.*	Gy l. waart.	*Vous étiez.*
Hy was.	*Il étoit.*	Zy waren.	*Ils étoient.*

Volmaakte Tyd.

Le Preterit parfait Indefini.

Ik ben of heb / Gy zyt of hebt / Hy is of heeft } geweeſt. *J'ay / Tu as / Il a* } *été.*

VVy zyn of hebben / Gy l. zyt of hebt / Zy zyn of hebben } geweeſt. *Nous avons / Vous avez / Ils ont* } *été.*

Meer-als-volmaakte Tyd.
Le Plus-que Parfait.

Ik was of had		J'avois
Gy waart of had	geweeft.	Tu avois } été.
Hy was of had		Il avoit

VVy waren of hadden		Nous avions
Gy l. waart of had	geweeft.	Vous aviez } été.
Zy waren of hadden		Ils avoient

Toekomende Tyd.
Le Futur.

Il zal		Je feray.
Gy zult	zyn of weezen.	Tu feras.
Hy zal		Il fera.

VVy zullen		Nous ferons.
Gy l. zult	zyn of weezen.	Vous ferez.
Zy zullen		Ils feront.

Gebiedende Wys.
l'Imperatif.

Zyt of weeft gy ,   Sois.

Dat hy zy , of laat
hem zyn of wee-Qu'il foit.
zen.

Zyn wy, of laat ons zyn
of weezen.   Soyons.

Zyt of weeft gylieden. Soyez.

Dat zy zyn of weezen,
of laat hen zyn of } Qu'ils
weezen.   foient.

AANVOEGENDE of WENSCHEN-
DE WYS.

Tegenwoordige Tyd.

SUBJONCTIF ou OPTATIF.
Le Prefent.

	Ik zy.		Je fois.	VVy zyn. Nous foyons.
Dat	Gy zyt.	Dieu veuille	Tu fois.	Gy l. zyt. Vous foyez.
	Hy zy.	que	Il foit.	Zy zyn. Ils foient.

1. *Onvolmaakte Tyd.*

Le 1. Imparfait.

Dat {
ik ware,
Gy waart,
Hy ware? } Plût à Dieu que { Je fusse. Tu fusses. Il fut. }
{ wy waren. *Nous fussions*
gy l. waart. *Vous fussiez*.
zy waren. *Ils fussent.* }

2. *Onvolmaakte Tyd.*

Le 2. Imparfait.

Als {
Ik zoude.
Gy zoud.
Hy zoude. } zyn of weezen. {
Qand { Je serois. Tu serois. Il seroit. }

{ VVy zonden,
Gy l. zoud,
Zy zouden, } zyn of weezen. {
Nous serions.
Vous seriez.
Ils seroient. }

Volmaakte Tyd.

Le Parfait.

Dat {
Ik hebbe of zy
Gy hebt of zyt
Hy hebbe of zy } geweest. {
Encore que { J'aye Tu ayes Il ait } été.

{ VVy hebben of zyn
Gy l. hebbet of zyt
Zy hebben of zyn } geweest. {
Nous ayions
Vous ayiez
Ils ayent } été.

1. *Meer-als-volmaakte Tyd.*

Le 1. Plus-que Parfait.

Dat {
Ik hadde of ware
Gy haddet of waart
Hy hadde of ware } ge-weest. {
Plût à Dieu que { J'eusse Tu eusses Il eût } été.

{ VVy hadden of waren
Gy l. haddet of waart
Zy hadden of waren } geweest. {
Nous eussions
Vous eussiez
Ils eussent } été.

2. *Meer - als - volmaakte Tyd.*
Le 2. Plus-que Parfait.

Als
$\left\{\begin{array}{l}\text{Ik zoude}\\ \text{Gy zoud}\\ \text{Hy zou}\end{array}\right\}$ geweeft zyn of hebben.
$\left\{\begin{array}{l}\text{J'aurois}\\ \text{Tu aurois}\\ \text{Quand Il auroit}\end{array}\right\}$ été.

$\left\{\begin{array}{l}\text{VVy zouden}\\ \text{Gy l. zoud}\\ \text{Zy zouden}\end{array}\right\}$ geweeft zyn of hebben.
$\left\{\begin{array}{l}\text{Nous aurions}\\ \text{Vous auriez}\\ \text{Ils auroient}\end{array}\right\}$ été.

Toekomende Tyd.   ## Le Futur.

Als
$\left\{\begin{array}{l}\text{Ik zal}\\ \text{Gy zult}\\ \text{Hy zal}\end{array}\right\}$ geweeft zyn of hebben.
$\left\{\begin{array}{l}\text{J'auray}\\ \text{Tu auras}\\ \text{Quand Il aura}\end{array}\right\}$ été.

$\left\{\begin{array}{l}\text{VVy zullen}\\ \text{Gy l. zult}\\ \text{Zy zullen}\end{array}\right\}$ geweeft zyn of hebben.
$\left\{\begin{array}{l}\text{Nous aurons}\\ \text{Vous aurez}\\ \text{Ils auront}\end{array}\right\}$ été.

Onbepaalde Wys.   *l'Infinitif.*

Tegenwoordige en Onvolmaakte Tyd.

Le Prefent & l'Imparfait.

Zyn of Weezen.   *Etre.*

Volmaakte en Meer-als-volmaakte Tyd.

Le Parfait & le Plus-que Parfait.

Geweeft zyn of hebben.   *Avoir été.*

Deelvvoord.   *Le Participe.*

Tegenwoordige en Onvolmaakte Tyd.

Le Prefent & l'Imparfait.

Weezende of zynde.   *Etant.*

D

Volmaakte en Meer-als-volmaakte Tyd.
Le Parfait & le Plus-que Parfait.
Geweeſt hebbende. *Ayant été.*

Toekomende Tyd. Participe Futur.
Zullende zyn *of* weezen. *Devant être , ou qui ſeroit.*

Lydend Deelwoord. Le Participe paſſif.
Geweeſt. *Eté.*

Samenvoeging van het Hulpwoord Zullen.

Conjugaiſon du verbe Auxiliaire , *Zullen.*

MEn gebruikt dit *Hulpwoord* niet als om het *Futurum* , het *Imperfeſtum* van den *Optativus* , en het *Participium futurum* te maaken ; zulks dat men 'er in andere Taalen geen rechte betekenis af kan geeven. Het word wel geconjugeerd met drie perſoonen , en heeft ook twee getalen ; maar het is gebrekig in de Tyden en Wyzen. Wy zullen hier doen volgen 't geen in gebruik is.

ON ſe ſert ſeulement de ce verbe Auxiliaire, *pour former le* Futur *de* l'Indicatif, *le* II. Imparfait *de* l'Optatif, & *le* Participe Futur ; *ſi bien qu'on n'en ſçauroit donner une veritable ſignification dans les autres Langues. Ce verbe ſe conjugue bien par trois perſonnes , & a auſſi deux nombres ; mais il eſt defeſtueux dans les temps & dans les Mœuds. Nous fairons ſuivre ici ce qui en eſt en uſage.*

Toonende Wys. Indicatif.

Eenv. *Meerv.*
{ Ik zal. { Wy zullen.
{ Gy zult. { Gy l. zult.
{ Hy zal. { Zy zullen.

Eenv. *Meerv.*
{ Ik zoude *of* zou. { Wy zouden.
{ Gy zoud. { Gy l. zoud.
{ Hy zoude *of* zou. { Zy zouden.

Onbepaalde Wys.   Infinitif.
                    Zullen.

Deelwoord.   Participe.
                    Zullende.

Samenvoeging van het Hulpwoord Worden.
Conjugaison du verbe Auxiliaire *Worden*, Devenir, ou être.

TOONENDE WYS.
L'INDICATIF.

Tegenwoordige Tyd.   Le Present

Eenv. Singul.   *Meerv.* Plur.

Ik word. *Je deviens.*	VVy worden. *Nous devenons.*
Gy word. *Tu deviens.*	Gy l. word. *Vous devenez.*
Hy word. *Il devient.*	Zy worden. · *Ils deviennent.*

Onvolmaakte Tyd.   L'Imparfait.

Ik wierd. *Je devenois, ou je devins.*	VVy wierden. *Nous devenions.*
Gy wierd. *Tu devenois.*	Gy l. wierd. *Vous deveniez.*
Hy wierd. *Il devenoit.*	Zy wierden. *Ils devenoient.*

Volmaakte Tyd.   Le Preterit Parfait Indefini.

Ik ben ⎫
Gy zyt ⎬ geworden.
Hy is ⎭

Je suis ⎫
Tu es ⎬ devenu.
Il est ⎭

VVy zyn ⎫
Gy l. zyt ⎬ geworden.
Zy zyn ⎭

Nous sommes ⎫
Vous êtes ⎬ devenus.
Ils sont ⎭

Meer-als-volmaakte Tyd.

{ Ik was
  Gy waart } geworden.
  Hy was

{ VVy waren
  Gy l. waart } geworden.
  Zy waren

Toekomende Tyd.

{ Ik zal
  Gy zult } worden.
  Hy zal

{ VVy zullen
  Gy l. zult } worden.
  Zy zullen

Gebiedende Wys.

VVord gy.   *Deviens.*

Dat hy worde, of   *Qu'il de-*
laat hem worden.   *vienne.*

Plus-que Parfait.

{ J'étois
  Tu étois } devenu.
  Il étoit

{ Nous étions
  Vous étiez } devenus.
  Ils étoient

Le Futur.

{ Je deviendray.
  Tu deviendras.
  Il deviendra.

{ Nous deviendrons.
  Vous deviendrez.
  Ils deviendront.

l'Imperatif.

VVorden wy, of laat *Deve-*
ons worden.   *nons.*
VVord gy lieden.   *Devenez*
Dat zy worden, of   *Qu'ils*
laat hen worden.   *devien-*
                     nent.

Men moet hier aanmerken, dat men by wylen *Werden* in de plaats van *Werden* gebruikt, en zeer dikwils, en met groote bevalligheid, in d'*Imperativus* en d'*Optativus* : doch het *Imperfectum* blyft altyd *wierd* ; en het *Perfectum* en *Plusquamperfectum*, altyd *geworden*.

Il faut observer ici, qu'on se sert quelquefois de VVerden, au lieu de VVorden, & même fort souvent, & avec bonne grace à l'Imperatif, & à l'Optatif Mais il y a toûjours VVierd à l'Imparfait, & toûjours geworden au Parfait & au Plus que Parfait.

AANVOEGENDE of WENSCHEN-DE WYS.

SUBJONCTIF ou OPTATIF.

Tegenwoordige Tyd.   Le Present.

Eenv. Singul.   *Meerv.* Plur.

Dat
{ Ik worde *of* werde.
  Gy wordet *of* werdet.
  Hy worde *of* werde. }
Dieu veuille que
Je devienne.
Tu deviennes.
Il devienne.

{ Wy worden *of* werden.
  Gy l. worder *of* werder.
  Zy worden *of* werden.
{ *Nous devenions.*
  Vous deveniez.
  Ils deviennent.

1. *Onvolmaakte Tyd.*   Le 1. Imparfait.

Dat
{ Ik wierde.
  Gy wierdet.
  Hy wierde. }
Plût à Dieu que
Je devinsse.
Tu devinsses.
Il devint.

{ Wy wierden.
  Gy l. wierder.
  Zy wierden.
{ *Nous devinssions.*
  Vous devinssiez.
  Ils devinssent.

2. *Onvolmaakte Tyd.*   Le 2. Imparfait.

Als
{ Ik zoude
  Gy zoud
  Hy zoude } worden. {
Quand
Je deviendrois.
Tu deviendrois.
Il deviendroit.

{ Wy zouden
  Gy l. zoud
  Zy zouden } worden. {
Nous deviendrions.
Vous deviendriez.
Ils deviendroient.

Volmaakte Tyd.   Le Preterit Parfait.

Dat
{ Ik zy
  Gy zyt
  Hy zy } geworden. { *Encore que* *Je sois* / *Tu sois* / *Il soit* } *devenu.*

{ VVy zyn
  Gy l. zyt
  Zy zyn } geworden, { *Nous soyions* / *Vous soyiez* / *Ils soyent* } *devenus.*

1. *Meer - als - volmaakte Tyd.*

Le 1. Plus-que Parfait.

Dat
{ Ik ware
  Gy waart
  Hy ware } geworden. { *Plût à Dieu que* *Je fusse* / *Tu fusses* / *Il fût* } *devenu.*

{ wy waren
  gy l. waart
  zy waren } geworden. { *Nous fussions* / *Vous fussiez* / *Ils fussent* } *devenus.*

2. *Meer - als - volmaakte Tyd.*

Le 2. Plus que Parfait.

Als
{ Ik zoude
  Gy zoud
  Hy zoude } geworden zyn of weezen. { *Qand* *Je serois* / *Tu serois* / *Il seroit* } *devenu.*

{ VVy zouden
  Gy l. zoud
  Zy zouden } geworden zyn of weezen. { *Nous serions* / *Vous seriez* / *Ils seroient* } *devenus.*

Toekomende Tyd.   Le Futur.

Als
{ Il zal
  Gy zult
  Hy zal } geworden zyn of weezen. { *Quand* *Je seray* / *Tu seras* / *Il sera* } *devenu.*

{ VVy zullen
  Gy l. zult
  Zy zullen } geworden zyn of weezen. { *Nous serons* / *Vous serez* / *Ils seront* } *devenus.*

Onbepaalde Wys.   l'Infinitif.

Tegenwoordige en Onvolmaakte Tyd.

Le Present & l'Imparfait.

VVorden *of* werden.   *Devenir ou être.*

Volmaakte en Meer-als-volmaakte Tyd.

Le Parfait & le Plus-que Parfait.

Geworden zyn.   *Etre devenu.*

Deelwoord.   Le Participe.

Tegenwoordige en Onvolmaakte Tyd.

Le Present & l'Imparfait.

VVordende.   *Devenant.*

Volmaakte en Meer-als-volmaakte Tyd.

Le Parfait & le Plus-que Parfait.

Geworden zynde.   *Etant devenu.*

Toekomende Tyd.   Le Futur.

Zullende worden.   *Devant devenir ,* ou *qui deviendroit.*

Lydend Deelwoord.   Participe paſſif.

Geworden.   *Devenu.*

Dewyl wy onder de *Hulp-woorden* ook de VVoordetjes *Mogen* en *Konnen,* door de welken de *Modus Potentialis* gemaakt word , geſteld hebben, zullen wy der zelver Conjugatien mede alhier laaten volgen.

Puis que nous avons mis parmi les verbes Auxiliaires ces verbes , Mogen *en* Konnen, *pouvoir, qui forment le Mœuf de puiſſance , nous en fairons ſuivre auſſi la Conjugaiſon.*

Samenvoeging van het Woord Mogen.

Conjugaison du verbe *Mogen*, pouvoir.

TOONENDE WYS.
L'INDICATIF.

Tegenwoordige Tyd.   Le Temps Present.

Eenv.	Sing.	Meerv.	Plur.
Ik mag.	*Je puis.*	VVy mogen.	*Nous pouvons,*
Gy moogt.	*Tu peus.*	Gy l. moogt.	*Vous pouvez.*
Hy mag.	*Il peut.*	Zy mogen.	*Ils peuvent.*

Onvolmaakte Tyd.   l'Imparfait.

Ik mocht.	*Je pouvois, ou je pûs.*	VVy mochten.	*Nous pouvions,*
Gy mocht.	*Tu pouvois.*	Gy l. mocht.	*Vous pouviez.*
Hy mocht	*Il pouvoit.*	Zy mochten.	*Ils pouvoient.*

Volmaakte Tyd.   Le Preterit parfait Indefini.

Ik heb / Gy hebt / Hy heeft } gemogen. { *J'ay / Tu as / Il a* } pû.

VVy hebben / Gy l. hebt / Zy hebben } gemogen. { *Nous avons / Vous avez / Ils ont* } pû.

Meer - als - volmaakte Tyd.
Le Plus-que Parfait.

Ik had / Gy had / Hy had { gemogen. { *J'avois / Tu avois / Il avoit* } pû.

VVy hadden / Gy l. had / Zy hadden } gemogen. { *Nous avions / Vous aviez / Ils avoient* } pû.

Toekomende Tyd.   Le Futur.

Ik zal
Gy zult } mogen.
Hy zal

Je pourrai.
Tu pourras.
Il pourra.

Wy zullen
Gy l. zult } mogen.
Zy zullen

Nous pourrons.
Vous pourrez.
Ils pourront.

Gebiedende Wys.   l'Imperatif.

Moogt gy.   Puisses.

Dat hy moge, of   Qu'il
laat hem mo-   puisse.
gen.

Mogen wy, of laat ons   Puissions.
mogen.
Moogt gy lieden.   Puissiez.
Dat zy mogen, of laat   Qu'ils
hen mogen.   puissent.

A ANVOEGENDE of WENSCHEN-DE WYS.

SUBJONCTIF ou OPTATIF.

Tegenwoordige Tyd.   Le Temps Present.

Eenv. Sing.   *Meerv. Plur.*

Ik moge.
Gy moget.
Hy moge.   } Dieu veuille que

Je puisse.
Tu puisses.
Il puisse.

Dat

VVy mogen.
Gy l. moget.
Zy mogen.

Nous puissions.
Vous puissiez.
Ils puissent.

1. *Onvolmaakte Tyd.*   Le 1. Imparfait.

Ik mochte.
Gy mochtet.
Hy mochte.   } Plût à Dieu que

Je pusse.
Tu pusses.
Il pût.

Dat

VVy mochten.
Gy l. mochtet.
Zy mochten.

Nous pussions.
Vous pussiez.
Ils pussent.

2. *Onvolmaakte Tyd.*   Le 2. Imparfait.

Als
{ Ik zoude
{ Gy zoud   } mogen.
{ Hy zoude

        { *Je pourrois.*
        { *Tu pourrois.*
Quand   { *Il pourroit.*

{ VVy zouden
{ Gy l. zoud   } mogen.
{ Zy zouden

{ *Nous pourrions.*
{ *Vous pourriez.*
{ *Ils pourroient.*

Volmaakte Tyd.   Le Parfait.

Dat
{ Ik hebbe
{ Gy hebbet   } gemogen.
{ Hy hebbe

            { *J'aye*
            { *Tu ayes*   } pû.
Encore que   { *Il ait*

{ Wy hebben
{ Gy l. hebbet   } gemogen.
{ Zy hebben

{ *Nous ayions*
{ *Vous ayiez*   } pû.
{ *Ils ayent*

1. *Meer - als - Volmaakte Tyd.*
Le 1. Plus-que Parfait.

Dat
{ Ik hadde
{ Gy haddet   } gemogen.
{ Hy hadde

                    { *J'eusse*
                    { *Tu eusses*   } pû.
Plût à Dieu que   { *Il eût*

{ Wy hadden
{ Gy l. haddet   } gemogen.
{ Zy hadden

{ *Nous eussions*
{ *Vous eussiez*   } pû.
{ *Ils eussent*

2. *Meer - als - volmaakte Tyd.*
Le 2. Plus-que Parfait.

Als
{ Ik zoude
{ Gy zoud   } gemogen
{ Hy zoude } hebben.

            { *J'aurois*
            { *Tu aurois*   } pû.
Quand   { *Il auroit*

{ VVy zouden
{ Gy l. zoud   } gemogen
{ Zy zouden } hebben.

{ *Nous aurions*
{ *Vous auriez*   } pû.
{ *Ils auroient*

Toekomende Tyd.   Le Futur.

Als { Ik zal / Gy zult / Hy zal } gemogen hebben. { J'auray / Tu auras / Quand Il aura } pû.

{ VVy zullen / Gy l. zult / Zy zullen } gemogen hebben. { Nous aurons / Vous aurez / Ils auront } pû.

Onbepaalde Wys.   l'Infinitif.

Tegenwoordige en Onvolmaakte Tyd.

Le Present & l'Imparfait.

Mogen.   *Pouvoir.*

Volmaakte en Meer-als-volmaakte Tyd.
Le Parfait & le Plus-que Parfait.

Gemogen hebben.   *Avoir pû.*

Deelwoord.   Le Participe.

Tegenwoordige en Onvolmaakte Tyd.
Le Present & l'Imparfait.

Mogende.   *Pouvant.*

Volmaakte en Meer-als-volmaakte Tyd.
Le Parfait & le Plus-que Parfait.

Gemogen hebbende.   *Ayant pû.*

Toekomende Tyd.   Le Futur.

Zullende mogen.   *Devant pouvoir, ou qui pourroit.*

Lydend Deelwoord.   Le Participe passif.
Gemogen.   *Pû.*

Samenvoeging van het Woord konnen.

Conjugaison du verbe *konnen*, pouvoir.

TOONENDE WYS.
L'INDICATIF.

Tegenwoordige Tyd.   Le Present.

Eenv. *Sing.*   *Meerv.* Plur.

Ik kan.   *Je puis.*   VVy konnen.   *Nous pouvons.*
Gy kond *of* kunt. *Tu peus.*   gy l. kond *of* kunt. *Vous pouvez.*
Hy kan.   *Il peut.*   Zy konnen.   *Ils peuvent.*

Onvolmaakte Tyd.   L'Imparfait.

Ik konde *of* kon.   *Je pouvois, ou je pûs.*
Gy kondet *of* kost.   *Tu pouvois.*
Hy konde *of* kon.   *Il pouvoit.*

VVy konden.   *Nous pouvions.*
Gy l. kondet *of* kost.   *Vous pouviez.*
Zy konden.   *Ils pouvoient.*

Volmaakte Tyd.   Le Parfait, indefini.

Ik heb ⎫   *J'ay* ⎫
Gy hebt ⎬ gekonnen.   *Tu as* ⎬ *pû.*
Hy heeft ⎭   *Il a* ⎭

VVy hebben ⎫   *Nous avons* ⎫
Gy l. hebt ⎬ gekonnen.   *Vous avez* ⎬ *pû.*
Zy hebben ⎭   *Ils ont* ⎭

Meer - als - volmaakte Tyd.

Le Plus-que Parfait.

Ik had ⎫   *J'avois* ⎫
Gy had ⎬ gekonnen.   *Tu avois* ⎬ *pû.*
Hy had ⎭   *Il avoit* ⎭

$\left\{\begin{array}{l}\text{VVy hadden}\\\text{Gy l. had}\\\text{Zy hadden}\end{array}\right\}$ gekonnen. $\left\{\begin{array}{l}\textit{Nous avions}\\\textit{Vous aviez.}\\\textit{Ils avoient}\end{array}\right\}$ pû.

Toekomende Tyd.   Le Futúr.

$\left\{\begin{array}{l}\text{Ik zal}\\\text{Gy zult}\\\text{Hy zal}\end{array}\right\}$ konnen. $\left\{\begin{array}{l}\textit{Je pourray.}\\\textit{Tu pourras.}\\\textit{Il pourra.}\end{array}\right.$

$\left\{\begin{array}{l}\text{VVy zullen}\\\text{Gy l. zult}\\\text{Zy zullen}\end{array}\right\}$ konnen. $\left\{\begin{array}{l}\textit{Nous pourrons.}\\\textit{Vous pourrez.}\\\textit{Ils pourront.}\end{array}\right.$

Gebiedende Wys.   l'Imperatif.

Kont *of* kunt gy.   *Puiſſes.*   Konnen wy , *of* laat *Puiſ-*
                       ons konnen.   *ſions.*

Dat hy konne , *of* laat *Qu'il*   Kont *of* kunt gy lie- *Puiſſiez.*
hem konnen.   *puiſſe.*   den.

                           Dat zy konnen , *of* *Qu'ils*
                           laat hen konnen.   *puiſſent.*

AANVOEGENDE of WEŃSCHEN-DE WYS.

SUBJONÇTIF ou CONJONCTIF.

Tegenwoordige Tyd.   Le Preſent.

Eenv. Sing.   *Meerv.* Plur.

Dat $\left\{\begin{array}{l}\text{Ik konne.}\\\text{Gy konnet.}\\\text{Hy konne.}\end{array}\right.$ $\left\{\begin{array}{l}\\\\ \textit{Dieu veüille que}\end{array}\right.$ $\begin{array}{l}\textit{Je puiſſe.}\\\textit{Tu puiſſes.}\\\textit{Il puiſſe.}\end{array}$

     $\left\{\begin{array}{l}\text{VVy konnen.}\\\text{Gy l. konnet.}\\\text{Zy konnen.}\end{array}\right.$ $\left\{\begin{array}{l}\textit{Nous puiſſions,}\\\textit{Vous puiſſiez.}\\\textit{Ils puiſſent.}\end{array}\right.$

1. Onvolmaakte Tyd.   Le 1. Present.

Dat
{ Ik konde.
Gy kondet.
Hy konde.

{ VVy konden.
Gy l. kondet.
Zy konden.

{ Plut à Dieu que
Je pusse.
Tu pusses.
Il pût.

{ Nous pussions,
Vous pussiez.
Ils pussent.

2. Onvolmaakte Tyd.   Le 2. Imparfait.

Als
{ Ik zoude
Gy zoud
Hy zoude } konnen.

{ VVy zouden
Gy l. zoud
Zy zouden } konnen.

{ Quand
Je pourrois.
Tu pourrois.
Il pourroit.

{ Nous pourrions.
Vous pourriez.
Ils pourroient.

Volmaakte Tyd.   Le Parfait.

Dat
{ Ik hebbe
Gy hebbet
Hy hebbe } gekonnen.

{ VVy hebben
Gy l. hebbet
Zy hebben } gekonnen.

{ Encore que
J'aye
Tu ayes } pû.
Il ait

{ Nous ayions
Vous ayiez } pû.
Ils ayent

1. Meer - als - volmaakte Tyd.
Le 1. Plus-que Parfait.

Dat
{ Ik hadde
Gy haddet
Hy hadde } gekonnen.

{ VVy hadden
Gy l. haddet
Zy hadden } gekonnen.

{ Plût à Dieu que
J'eusse
Tu eusses } pû
Il eût

{ Nous eussions
Vous eussiez } pû
Ils eussent

2. *Meer - als - volmaakte Tyd.*
Le 2. Plus-que Parfait.

Als { Ik zoude / Gy zoud / Hy zoude } gekonnen hebben. } Quand { J'aurois / Tu aurois / Il auroit } pû.

{ VVy zouden / Gy l. zoud / Zy zouden } gekounen hebben. { Nous aurions / Vous auriez / Ils auroient } pû.

Toekomende Tyd. Le Futur.

Als { Ik zal / Gy zult / Hy zal } gekonnen hebben. Quand { J'auray / Tu auras / Il aura } pû.

{ VVy zullen / Gy l. zult / Zy zullen } gekonnen hebben. { Nous aurons / Vous aurez / Ils auront } pû.

Onbepaalde Wys. l'Infinitif.

Tegenwoordige en Onvolmaakte Tyd.
Le Prefent & l'Imparfait.

Konnen. *Pouvoir.*

Volmaakte en Meer-als-volmaakte Tyd.
Le Parfait & le Plus-que Parfait.

Gekonnen hebben. *Avoir pû.*

Deelwoord. Le Participe.

Tegenwoordige en Onvolmaakte Tyd.
Le Prefent & l'Imparfait.

Konnende. *Pouvant.*

Volmaakte en Meer - als - Volmaakte Tyd.

Le Parfait & le Plus-que Parfait.

Gekonnen hebbende.   *Ayant pû.*

Toekomende Tyd.   Le Futur.

Zullende konnen.   *Devant pouvoir , ou qui pourroit.*

Lydend Deelwoord.   Le Participe Paffif.

Gekonnen.   *Pû.*

Dewyl wy aldus de *Hulp-woorden* afgehandeld hebben, zullen wy hier een Voorbeeld laaten volgen van een *Regelmaatig Woord* zo *Activè* als *Paffivè*, na welkers exempel alle d'andere Regelmaatige VVoorden geconjugeerd moeten worden.	*Aprés avoir ainfi expedit les Verbes* Auxiliaires , *nous fairons fuivre un exemple d'un* Verbe Régulier *tant* Actif *que* Paffif , *à l'inftar defquels tous les autres fe doivent conjuguer.*

Samenvoeging van het VVoord Hooren , *in* Activo.

Conjugaifon du Verbe *Hooren* , entendre , dans *l'Actif.*

T O O N E N D E W Y S.
L'I N D I C A T I F.

Tegenwoordige Tyd.   Le Prefent.

Eenv. Sing.   *Meerv. Plur.*

Eenv. Sing.		Meerv. Plur.	
Ik hoor.	*J'entens.*	VVy hooren.	*Nous entendons.*
Gy hoort.	*Tu entens.*	Gy l. hoort.	*Vous entendez.*
Hy hoort.	*Il entend.*	Zy hooren.	*Ils entendent.*

Onvolmaakte Tyd.   l'Imparfait.

Ik hoorde.   *J'entendois, ou*   VVy hoorden. *Nous entendions.*
          j'entendis.
Gy hoorde.   *Tu entendois.*   Gy l. hoord.   *Vous entendiez.*
Hy hoorde.   *Il entendoit.*   Zy hoorden.   *Ils entendoient.*

Volmaakte Tyd.   Le Preterit parfait, Indefini.

Ik heb   *J'ay*
Gy hebt   } gehoord.   *Tu as*   } *entendu.*
Hy heeft   *Il a*

VVy hebben   *Nous avons*
Gy l. hebt   } gehoord.   *Vous avez* } *entendu.*
Zy hebben   *Ils ont*

Meer - als - volmaakte Tyd.
Le Plus-que Parfait.

Ik had   *J'avois*
Gy had   } gehoord.   *Tu avois* } *entendu.*
Hy had   *Il avoit*

VVy hadden   *Nous avions*
Gy l. had   } gehoord.   *Vous aviez* } *entendu.*
Zy hadden   *Ils avoient*

Toekomende Tyd.   Le Futur.

Ik zal   *J'entendray.*
Gy zult } hooren.   *Tu entendras.*
Hy zal   *Il entendra.*

VVy zullen   *Nous entendrons.*
Gy l. zult } hooren.   *Vous entendrez.*
Zy zullen   *Ils entendront.*

Gebiedende Wys.   l'Imperatif.

Hoort gy.   *Entens.*   Hooren wy, *of* laat ons *Enten-*
                      hooren.   *dons.*
Dat hy hoore, *of* laat *Qu'il*   Hoort gy lieden.   *Entendez.*
hem hooren.   *entende.*   Dat zy hooren, *of* laat *Qu'ils en-*
                      hen hooren.   *tendent.*

E

A A N V O E G E N D E of VVENSCHEN-DE VVYS.

SUBJONCTIF ou OPTATIF.

Tegenwoordige Tyd. · Le Preſent.

Eenv.   Sing.   *Meerv.* Plur.

Dat { Ik hoore. / Gy hooret. / Hy hoore. } { Dieu veuille que *J'entende. / Tu entendes. / Il entende.*

{ VVy hooren. / Gy l. hooret. / Zy hooren. } { *Nous entendions. / Vous entendiez. / Ils entendent.*

1. *Onvolmaakte Tyd.*   Le 1. Imparfait.

Dat { Ik hoorde. / Gy hoordet. / Hy hoorde. } { Plut à Dieu que *J'entendiſſe. / Tu entendiſſes. / Il entendit.*

{ VVy hoorden. / Gy l. hoordet. / Zy hoorden. } { *Nous entendiſſions. / Vous entendiſſiez. / Ils entendiſſent.*

2. *Onvolmaakte Tyd.*   Le 2. Imparfait.

Als { Ik zoude / Gy zoud / Hy zoude } hooren. { Quand *J'entendrois. / Tu entendrois. / Il entendroit.*

{ VVy zouden / Gy l. zoud / Zy zouden } hooren. { *Nous entendrions. / Vous entendriez. / Ils entendroient.*

Volmaakte Tyd.   Le Parfait.

Dat { Ik hebbe / Gy hebbet / Hy hebbe } gehoord. { Encore que *J'aye / Tu ayes / Il ait* } entendu

Dat { VVy hebben / Gy l. hebbet / Zy hebben } gehoord. { Encore que { Nous ayions / Vous ayiez / Ils ayent } en-ten-du.

1. *Meer - als - volmaakte Tyd.*
Le 1. Plus-que Parfait.

Dat { Ik hadde / Gy haddet / Hy hadde } gehoord. { Plût à Dieu que { J'euffe / Tu euffes / Il eût } entendu.

{ VVy hadden / Gy l. haddet / Zy hadden } gehoord. { Nous euffions / Vous euffiez / Ils euffent } entendu.

2. *Meer - als - volmaakte Tyd.*
Le 2. Plus-que Parfait.

Als { Ik zoude / Gy zoud / Hy zoude } gehoord hebben. { Quand { J'aurois / Tu aurois / Il auroit } entendu.

{ VVy zouden / Gy l. zoud / Zy zouden } gehoord hebben. { Nous aurions / Vous auriez / Ils auroient } entendu.

Tokomende Tyd.   Le Futur.

Als { Ik zal / Gy zult / Hy zal } gehoord hebben. { Quand { J'auray / Tu auras / Il aura } entendu.

{ VVy zullen / Gy l. zult / Zy zullen } gehoord hebben. { Nous aurons / Vous aurez / Ils auront } entendu.

Onbepaalde Wys.   l'Infinitif.

Tegenwoordige en Onvolmaakte Tyd.
Le Prefent & l'Imparfait.

Hooren.   *Entendre.*

Volmaakte en Meer-als-volmaakte Tyd.
Le Parfait & le Plus-que Parfait.
Gehoord hebben.   *Avoir entendu.*

Deelwoord.   Le Participe.

Tegenwoordige en Onvolmaakte Tyd.
Le Preſent & l'Imparfait.
Hoorende.   *Entendant.*

Volmaakte en Meer-als-volmaakte Tyd.
Le Parfait & le Plus-que Parfait.
Gehoord hebbende.   *Ayant entendu.*

Toekomende Tyd.   Le Futur.
Zullende hooren.   Devant entendre, ou *qui entendroit.*

Lydend Deelwoord.   Le Participe paſſif.
Gehoord.   *Entendu.*

Samenvoeging van het VVoord Hooren, *entendre,
in* Paſſivo.

Conjugaiſon du verbe *Hooren*, entendre, dans le
Paſſif.

TOONENDEWYS.   L'INDICATIF.

Tegenwoordige Tyd.   Le Preſent

Eenv. Singul.   *Meerv.* Plur.

{ Ik word   }   { *Je ſuis*   }
{ Gy word   } gehoord.   { *Tu as*   } *entendu.*
{ Hy word   }   { *Il eſt*   }

{ VVy worden }   { *Nous ſommes* }
{ Gy l. word } gehoord.   { *Vous éies*   } *entendus.*
{ Zy worden }   { *Ils ſont*   }

Onvolmaakte Tyd.   L'Imparfait.

$\left\{\begin{array}{l}\text{Ik wierd}\\\text{Gy wierd}\\\text{Hy wierd}\end{array}\right\}$ gehoord. $\left\{\begin{array}{l}\textit{J'étois}\\\textit{Tu étois}\\\textit{Il étoit}\end{array}\right\}$ entendu.

$\left\{\begin{array}{l}\text{VVy wierden}\\\text{Gy l. wierd}\\\text{Zy wierden}\end{array}\right\}$ gehoord. $\left\{\begin{array}{l}\textit{Nous étions}\\\textit{Vous étiez}\\\textit{Ils étoient}\end{array}\right\}$ entendus.

1. Volmaakte Tyd.   Le 1. Preterit Parfait Indefini.

$\left\{\begin{array}{l}\text{Ik ben}\\\text{Gy zyt}\\\text{Hy is}\end{array}\right\}$ gehoord. $\left\{\begin{array}{l}\textit{Je fus}\\\textit{Tu fus}\\\textit{Il fut}\end{array}\right\}$ entendu.

$\left\{\begin{array}{l}\text{VVy zyn}\\\text{Gy l. zyt}\\\text{Zy zyn}\end{array}\right\}$ gehoord. $\left\{\begin{array}{l}\textit{Nous fumes}\\\textit{Vous futes}\\\textit{Ils font}\end{array}\right\}$ entendus.

2. Volmaakte Tyd.

Le 2. Preterit Parfait Indefini.

$\left\{\begin{array}{l}\text{Ik ben}\\\text{Gy zyt}\\\text{Hy is}\end{array}\right\}$ gehoord geweeft. $\left\{\begin{array}{l}\textit{J'ay été}\\\textit{Tu as été}\\\textit{Il a été}\end{array}\right\}$ entendu.

$\left\{\begin{array}{l}\text{VVy zyn}\\\text{Gy l. zyt}\\\text{Zy zyn}\end{array}\right\}$ gehoord ge-weeft. $\left\{\begin{array}{l}\textit{Nous avons été}\\\textit{Vous avez été}\\\textit{Ils ont été}\end{array}\right\}$ entendus.

1. Meer-als-Volmaakte Tyd.

Le 1. Plus-que Parfait.

$\left\{\begin{array}{l}\text{Ik was}\\\text{Gy waart}\\\text{Hy was}\end{array}\right\}$ gehoord. $\left\{\begin{array}{l}\textit{J'étois}\\\textit{Tu étois}\\\textit{Il étoit}\end{array}\right\}$ entendu.

$\left\{\begin{array}{l}\text{Wy waren}\\\text{Gy l. waart}\\\text{Zy waren}\end{array}\right\}$ gehoord. $\left\{\begin{array}{l}\textit{Nous étions}\\\textit{Vous étiez}\\\textit{Ils étoient}\end{array}\right\}$ entendus.

2. Meer - als - volmaakte Tyd.
Le 2. Plus·que Parfait.

$$\left.\begin{array}{l}\text{Ik was}\\ \text{Gy waart}\\ \text{Hy was}\end{array}\right\} \text{gehoord ge-weeſt.} \qquad \left.\begin{array}{l}\textit{J'avois été}\\ \textit{Tu avois été}\\ \textit{Il avoit été}\end{array}\right\}\textit{entendu.}$$

$$\left.\begin{array}{l}\text{wy waren}\\ \text{gy l. waart}\\ \text{zy waren}\end{array}\right\} \text{gehoord ge-vveeſt.} \qquad \left.\begin{array}{l}\textit{Nous avions été}\\ \textit{Vous aviez été}\\ \textit{Ils avoient été}\end{array}\right\}\textit{entendus.}$$

Toekomende Tyd.   Le Futur.

$$\left.\begin{array}{l}\text{Il zal}\\ \text{Gy zult}\\ \text{Hy zal}\end{array}\right\} \text{gehoord wor-den.} \qquad \left.\begin{array}{l}\textit{Je feray}\\ \textit{Tu feras}\\ \textit{Il fera}\end{array}\right\}\textit{entendu.}$$

$$\left.\begin{array}{l}\text{VVy zullen}\\ \text{Gy l. zult}\\ \text{Zy zullen}\end{array}\right\} \text{gehoord wor-den.} \qquad \left.\begin{array}{l}\textit{Nous ferons}\\ \textit{Vous ferez}\\ \textit{Ils feront}\end{array}\right\}\textit{entendus.}$$

Gebiedende Wys.   l'Imperatif.

Werd gy gehoord.   *Sois entendu.*   Werden wy gehoord, of laat ons gehoord worden.   *Soyons entendus.*

Dat hy gehoord werde, of laat hem gehoord worden.   *Qu'ils foit entendus.*   Werd gy lieden gehoord.   *Soyez entendus.*

Dat zy gehoord werden, of laat hen gehoord worden.   *Qu'ils foient entendus.*

A A N V O E G E N D E of W E N S C H E N-DE WYS.

SUBJONCTIF ou OPTATIF.

Tegenwoordige Tyd.   Le Preſent.

Eenv. Sing.   *Meerv. Plur.*

$$\text{Dat}\left\{\begin{array}{l}\text{Ik werde}\\ \text{Gy werdet}\\ \text{Hy werde}\end{array}\right\} \text{gehoord.} \qquad \left\{\begin{array}{l}\textit{Dieu veuille}\\ \textit{que}\end{array}\right. \left.\begin{array}{l}\textit{Je fois}\\ \textit{Tu fois}\\ \textit{Il foit}\end{array}\right\}\textit{entendu.}$$

Dat { Wy werden / Gy l. werdet / Zy werden } gehoord. { Dieu veuille que. Nous soyions / Vous soyiez / Ils soyent } entendus.

1. Onvolmaakte Tyd.   Le 1. Imparfait.

Dat { Ik wierde / Gy wierdet / Hy wierde } gehoord. { Plût à Dieu que Je fusse / Tu fusses / Il fût } entendu.

{ VVy wierden / Gy l. wierdet / Zy wierden } gehoord. { Nous fussions / Vous fussiez. / Ils fussent } entendus.

2. Onvolmaakte Tyd.   Le 2. Imparfait.

Als { Ik zoude / Gy zoud / Hy zoude } gehoord worden. { Qand Je serois / Tu serois / Il seroit } entendu.

{ VVy zouden / Gy l. zoud / Zy zouden } gehoord worden. { Nous serions / Vous seriez / Ils seroient } entendus.

Volmaakte Tyd.   Le Parfait.

Dat { Ik zy / Gy zyt / Hy zy } gehoord geweest, of geworden. { Encore que J'aye été / Tu ayes été / Il ait été } entendu.

{ VVy zyn / Gy l. zyt / Zy zyn } gehoord geweest, of geworden. { Nous ayions été / Vous ayiez été / Ils ayent été } entendus.

1. Meer-als-volmaakte Tyd.
Le 1. Plus-que Parfait.

Dat { Ik ware / Gy waart / Hy ware } gehoord geweest, of geworden. { Plût à Dieu que J'eusse été / Tu eusses été / Il eût été } entendu.

{ Wy waren / Gy l. waart / Zy waren } gehoord geweest, of geworden. { Nous eussions été / Vous eussiez été / Ils eussent été } entendus.

2. *Meer - als - volmaakte Tyd.*

Le 2. Plus-que Parfait.

Als
{ Ik zoude } gehoord geweeft {
Gy zoud } zyn, of geweeft {
Hy zoude } hebben. { *Quand* } *J'aurois été* } en-
Tu aurois été } ten-
Il auroit été } du.

{ VVy zouden } gehoord geweeft { *Nous aurions été* } en-
Gy l. zoud } zyn, of geweeft { *Vous auriez été* } ten-
Zy zouden } hebben. { *Ils auroient été* } dus.

Toekomende Tyd.   Le Futur.

Als
{ Ik zal } gehoord geweeft {
Gy zult } zyn, of geweeft {
Hy zal } hebben. { *Quand* } *J'auray été* }
Tu auras été } enten-
Il aura été } du.

{ VVy zullen } gehoord geweeft { *Nous aurons été* }
Gy l. zult } zyn, of geweeft { *Vous aurez été* } enten-
Zy zullen } hebben. { *Ils auront été.* } dus.

Onbepaalde Wys.   l'Infinitif.

Tegenwoordige en Onvolmaakte Tyd.

Le Prefent & l'Imparfait.

Gehoord worden.   *Etre entendu.*

Volmaakte en Meer-als-volmaakte Tyd.

Le Parfait & le Plus-que Parfait.

Gehoord geworden of geweeft zyn , of geweeft hebben.   *Avoir été entendu.*

Deelwoord.   Le Participe.

Tegenwoordige en Onvolmaakte Tyd.

Le Prefent & l'Imparfait.

Gehoord wordende of zynde.   *Etant entendu.*

Volmaakte en Meer-als-volmaakte Tyd.
Le Parfait & le Plus-que Parfait.

Gehoord geworden *of* geweeft zynde , *of* geweeft hebbende.   *Avoir été entendu.*

Toekomende Tyd.   Le Futur.

Zullende gehoord worden.   *Devant,* ou *qui devroit être entendu.*

Lydend Deelwoord.   Le Participe paffif.
Gehoord geworden.   *Eté entendu.*

Van de maaking der Ty-   De la formation des
den en Wyzen.   Temps & des Mœufs.

HEt Grondwoord , of *d'In-*   LA *Racine* ou l'Infinitif
finitivus , gekend zynde ,   *étant connu* , *il n'y a , pour*
moet men 'er , om den Tegen-   *en former le* Prefent de l'Indi-
woordigen Tyd van de Too-   catif , *qu'à en rejetter* en , *fça-*
nende Wys , of het *Præfens In-* *voir és verbes qui finiffent en*
dicativi te maaken , alleenlyk chen , den , gen , ken , len ,
en affnyden , te weeten van de men , nen , pen , ren , fen ,
Woorden welke eindigen in   fchen , ten , wen , *& yen ;*
chen , den , gen , ken , len , men ,   *comme par exemple ,*
nen , pen , ren , fen , fchen , ten ,
wen , en yen ; als by voorbeeld ,

Præfens Infinitivi.   *Præf. Indicativi.*
Prefent de l'Infinitif.   Prefent de l'Indicatif.

Lagchen.   *Rire.*   Ik lagch.   *Je ris.*
Stranden.   *Echoüer.*   Ik ftrand.   *J'échouë.*
Klaagen.   *Se plaindre.*   Ik klaag.   *Je me plains.*
Rooken.   *Fumer.*   Ik rook.   *Je fume.*
Verveelen. *Ennuyer.*   Ik verveel.   *J'ennuye.*
Schermen.   *Faire des armes.* Ik fcherm. *Je fais des armes.*
Betoonen.   *Témoigner.*   Ik betoon.   *Je témoigne.*
Gaapen.   *Baailler.*   Ik gaap.   *Je baaille.*

Bedaaren.	*Se remettre.*	Ik bedaar.	*Je me remets.*
Leezen.	*Lire.*	Ik lees.	*Je lis.*
Wenfchen.	*Souhaiter.*	Ik wenfch.	*Je fouhaite.*
Wachten.	*Attendre.*	Ik wacht.	*J'attens.*
Brouwen.	*Braffer.*	Ik brouw.	*Je braffe.*
Draaijen.	*Tourner.*	Ik draay.	*Je tourne.*

Men moet van dezen Regel uitzonderen alle de Woorden welker voor-laatfte lettergreep in de zelve Medeklinker eindigt, daar de laatfte mêe aanvangt ; als by voorbeeld, *beminnen, bekennen, verdikken,* &c. *ik bemin, ik beken, ik verdik,* enz. in alle welke woorden de laatfte lettergreep afgefneeden word. 't Zelfde heeft ook plaats in de twee lettergreepige Woorden van die natuur, als *krabben, flabben, kladden,* enz. *ik krab, ik flab, ik klad.* In tegendeel verwerpen de Woorden, die twee klinkers voor de eindelyke *n* hebben, alleenlyk de *n*, als *doen, zien, ftaan, gaan,* enz. *ik doe, ik zie, ik ftaa, ik gaa.*

De Woorden, die in *ven* eindigen, verwerpen, volgens den Regel, niet alleenlyk hun *en*, maar veranderen ook hun *v* in *f*, als *leeven, beeven, kleeven, fnuiven, werven,* enz. *ik leef, ik beef, ik kleef, ik fnuif, ik werf.* Daar zyn 'er die, om deze verandering te vermyden, aldus fchryven, *ik leev, ik beev, ik kleev,* enz. Doch het word te hard geoor-

Il faut excepter de cette Regle tous les Verbes triffyllabes, dont la penultieme finit par la même Confone que commence la derniere fyllabe ; comme par exemple aimer, avoüer, épaiffir, &c. j'aime, j'avoüe, j'épaiffis, &c. dans tous lefquels la derniere fyllabe eft entierement rejettée. Ce qui à lieu auffi dans les verbes diffyllabes de cette nature ; comme grater, laper, croter, je grate, je lape, je crote. Au contraire les Verbes qui ont deux voyelles immedtatement devant l'n final, ne font que rejetter l'n comme faire, voir, être debout, aller, &c. je fais, je vois, je fuis debout, je vais, &c.

Les Verbes qui fe terminent en ven *, rejettent fuivant le Regle, non feulement leur* en *, mais même ils changent leur* v *en* f *; comme vivre, trembler, gluër, rénifler, lever du monde, &c. je vis, je tremble, je gluë, je rénifle, je leve du monde. Il y en a qui pour éviter ce changement, écrivent de cette maniere,* ik leev, ik beev, ik kleev, *&c. Mais*

deeld, en derhalven weinig ge-
volgd.

Men moet hier aanmerken,
dat men in het *Præsens Indicativi* nooit moet zeggen *ik heb-
ve*, *ik vraage*, *ik leeve*, enz.
gelyk veele zeer verkeerdelyk
doen; dewyl het, buiten
tegenspreeken, alleenlyk het
Præsens Subjunctivi is: doch in
de Dichters kan men het ver-
schoonen, vermits ze by
gelegentheid een lettergreep
meer van doen hebben.

l'on le *Juge trop rude*, *&* par
consequent il est peu usité.

Observez ici, qu'on ne doit
jamais dire au Present de l'Indicatif, J'ay, je demande,
je vis, &c. comme plusieurs
le font tres mal à propos, à cause que cela sans contredit, est
seulement le Present du subjonctif. Mais dans les vers on
peut l'excuser, parceque dans
la rencontre une syllabe de plus,
accommode les Poetes.

Van de formeering des Onvol-maakten Tyds.

De la formation de l'Im-parfait.

d'ONvolmaakte Tyd, of
het *Imperfectum*, word in
de Regelmaatige Woorden gemaakt van het *Præsens*, met
'er *de* of *te* by te voegen; te
weeten *de* in de geenen welke
eindigen in *ben*, *den*, *gen*,
len, *men*, *nen*, *ren*, *sen*, *ven*
en *wen*.

L'*Imparfait*, dans les *Verbes*
reguliers, se fait du Present, en y ajoûtant de ou te,
sçavoir de en ceux qui finissent
en ben, den, gen, ken, men,
nen, ren, sen, ven &
wen.

Infinitif. Infinitif.	*Præsens.* Present.	*Imperfect.* Imparfait.
Schrabben.	Ik krab.	Ik schrabde.
Racler.	*Je racle.*	*Je raclois.*
Stranden.	Ik strand.	Ik strandde.
Echoüer.	*J'échoüe.*	*J'échoüois.*
Klaagen.	Ik klaag.	Ik klaagde.
Se plaindre.	*Je me plains.*	*Je me plaignois.*
Verveelen.	Ik verveel.	Ik verveelde.
Ennuyer.	*J'ennuye.*	*J'ennuyois.*
Scherme.	Ik scherm.	Ik schermde.
Faire des armes.	*Je fais*, &c.	*Je faisois*, &c.

Leenen.	Ik leen.	Ik leende.
Prêter.	*Je prête.*	*Je prêtois.*
Hooren.	Ik hoor.	Ik hoorde.
Ouïr.	*J'ois.*	*J'oyois.*
Vreefen.	Ik vrees.	Ik vreefde.
Craindre.	*Je crains.*	*Je craignois.*
Leeven.	Ik leef.	Ik leefde.
Vivre.	*Je vis.*	*Je vivois.*
Brouwen.	Ik brouw.	Ik brouwde.
Braffer.	*Je braffe.*	*Je braffois.*

Men voegt *te* by **het** *Præfens Indicativi* in de Woorden eindigende in *chen* , *fchen* , *fen* , *ken* , *pen* , *ffen* en *ten*; als

On ajoûte *te au prefent de l'Indicatif dans les verbes qui niffent en chen , fchen , ten ken, pen,ffen, & ten; comme*

Infinitif.	*Præfens.*	*Imperfect.*
Infinitif.	Prefent.	Imparfait.
Lagchen.	Ik lagch.	Ik lagchte.
Rire.	*Je ris.*	*Je riois.*
Wenfchen.	Ik wenfch.	Ik wenfchte.
Souhaiter.	*Je fouhaite.*	*Je fouhaitois.*
Blaffen.	Ik blaf.	Ik blafte.
Abboyer.	*J'abboye.*	*J'abboyois.*
Rooken.	Ik rook.	Ik rookte.
Fumer.	*Je fume.*	*Je fumois.*
Gaapen.	Ik gaap.	Ik gaapte.
Baailler.	*Je baaille.*	*Je baaillois.*
Braffen.	Ik bras.	Ik brafte.
Faire la débauche.	*Je fais , &c.*	*Je faifois , &c.*
Wachten.	Ik wacht.	Ik wachtte.
Attendre.	*J'attens.*	*J'attendois.*

In de maaking van dit *Imperfectum* beftaat in de Nederduitfche Taal voor de Vreemdelingen de grootfte fwaarigheid ; om de welke weg te neemen , zullen wy hier eenige Regelen geeven noopende

C'eft dans la formation de l'Imparfait Flamand que les Etrangers trouvent le plus de difficulté. Mais pour la lever , nous donnerons ici quelques regles touchant les Anomaux ou les verbes qui ne fuivent pas la

de *Anomala* of VVoorden die den gemeenen Regel niet en volgen, met zo groote naauwkeurigheid als het immers doenlyk is, laatende het overige aan het gebruik bevolen.

1. Alle VVoorden eindigende in *inden*, *ingen*, *inken*, veranderen in *Imperfecto* hun *in* in *on*; als *ik bind*, *ik vind*, *ik wind*, *ik zing*, *ik spring*, *ik drink*, *ik klink*, enz. *ik bond*, *ik vond*, *ik wond*, *ik zong*, *ik sprong*, *ik dronk*, *ik klonk*: doch *hinken* volgt den gemeenen Regel, en heeft *ik hinkte*.

2. Alle VVoorden eindigende in *angen* veranderen hun *ang* in *ing*; als *ik hang*, *ik vang*, *ik ontfang*, enz. *ik hing*, *ik ving*, *ik ontfing*: behalven *ik prang*, *ik prangde*.

3. Alle VVoorden eindigende in *ieden*, *iegen*, *iesen*, *ieten*, veranderen hun *ie* in *oo*; als *ik bied*, *ik vlieg*, *ik verkies*, *het verdriet*, enz. *ik bood*, *ik vloog*, *ik verkoos*, *het verdroot*: behalven *ik wieg*, *ik wiegde*.

4. Alle VVoorden eindigende in *yden*, *ygen*, *yken*, *yten*, veranderen hun *y* in *ee*; als *ik lyd*, *ik swyg*, *ik wyk*, *ik kryt*, enz. *ik leed*, *ik sweeg*, *ik week*, *ik kreet*.

5. Alle VVoorden eindigende in *yven* veranderen hun *yf*,

Regle ordinaire, avec autant d'exactitude qu'il soit jamais possible, laissant le reste à l'usage.

1. *Tous les Verbes dont l'Infinitif se termine en* inden, ingen, *& en* inken, *changent leur* in *en* on; *comme* je lie, je trouve, je guinde, je chante, je saute, je bois, je sonne, *&c.* je liois, je trouvois, je guindois, je chantois, je sautois, je beuvois, je sonnois, *&c. Mais* boiter, *est excepté de cette Régle.*

2. *Tous les Verbes finissans en* angen, *changent leur* ang *en* ing; *comme* je pens, je prens, je reçois, *&c.* je pendois, je prenois, je recevois. *Excepté* j'étrains, j'étraignois.

3. *Tous les Verbes qui finissent en* ieden, iegen, iesen, *&* ieten, *changent leur* ie *en* oo; *comme* j'offre, je vole, je choisis, il m'ennuye, *&c.* j'offrois, je volois, je choisissois, il m'ennuyoit. *Excepté*, bercer, je berce.

4. *Tous les mots terminez en* yden, ygen, yken, *& en* yten, *changent leur* y *en* ee; *comme* je souffre, je me tais, je me retire, je pleure, *&c.* je souffrois, je me taisois, je me retirois, je pleurois.

5. *Tous les mots finissans en* yven, *changent leur* yf, *qu'ils*

't geen ze in het *Præfens* hebben , in *eef* ; als ik *blyf* , ik *fchryf* , ik *kyf* , enz. ik *bleef* , ik *fchreef* , ik *keef.*

6. Alle VVoorden eindigende in *uigen* , *uiken* , *uipen* , *uiten* , *uiven* , veranderen hun *ui* in *oo* ; als ik *buig* , ik *ruik* , ik *zuip* , ik *fuit* , ik *fchuif* , enz. ik *boog* , *ik rook* , ik *zoop* , ik *floot* , ik *fchoof* : behalven ik *gebruik* , *ik gebruikte.*

Mogelyk dat 'er noch eenige uitzonderingen in deze Regelen zyn , welke ons nu niet te binnen komen , en die door het gebruik wel geleerd zullen worden.

Tot nader onderrechting zullen wy hier noch laaten volgen een voorbeeld van de veranderingen der lettergreepen in de Regelſtrydige VVoorden , wanneer men die uit het *Præfens* in het *Imperfeɛum* wil brengen ; in welk voorbeeld men alle ongeregeldheid der VVoorden van de gantſche Nederduitſche Taal kan aanmerken.

prennent au Prefent ; *comme,* je demeure , j'écris , je tance , &c. je demeurois , j'écrivois , je tançois.

6. *Tous les Mots finiſſans en* uigen , uiken , uipen , uiten , & en uiven , *changent leur ui en* oo ; *comme* je fléchis , je flaire , je hume , je ferme , je pouſſe en avant , &c. je fléchiſſois , je flairois , je humois , je fermois , je pouſſoi en avant. *Excepté* je me fers , je me fervois.

Peut être qu'il y a encore dans ces Regles quelques autres exceptions qui ne nous font point prefentes à cette heure , mais que l'ufage pourra apprendre.

Pour une ample inſtruction, nous fairons fuivre ici un exemple des changemens des fyllabes dans les Verbes irreguliers , quand on veut former l'Imparfait ; dans lequel exemple on peut remarquer toute l'Irregularité des Verbes de la Langue Flamande.

A in IE.

Ik val.	*Je tombe.*
Ik was.	*Je crois.*

A in O.

Ik kan.	*Je puis.*
Ik barſt.	*Je créve.*

A en IE.

Ik viel.	*Je tombois.*
Ik wies.	*Je croiſſois.*

A en O.

Ik kon.	*Je pouvois.*
Ik borſt.	*Je crévois.*

AA in I.

Ik gaa.	Je vais.		
Ik vergaa.	Je peris.		

AA *en* I.

Ik ging,	J'allois.
Ik verging,	Je perissois.

AA in O.

Ik staa.	Je suis.
Ik verstaa.	J'entens.

AA *en* O.

Ik stond,	J'étois.
Ik verstond,	J'entendois.

AA in IE.

Ik raad.	Je devine.
Ik braad.	Je rôtis.
Ik laat.	Je laiße.
Ik slaap.	Je dors.
Ik blaas.	Je souffle.

AA *en* IE.

Ik ried,	Je devinois.
Ik bried,	Je rôtißois.
Ik liet,	Je laißois.
Ik sliep,	Je dormois.
Ik blies,	Je soufflois.

AA in OE.

Ik slaa.	Je bas.
Ik vaar.	Je navige.
Ik draag.	Je porte.
Ik graaf.	Je foüis.

AA *en* OE.

Ik sloeg,	Je battois.
Ik voer,	Je navigeois.
Ik droeg,	Je portois.
Ik groef,	Je foüißois.

E in *A* en in *A* of O.

Ik leg.	Je mets.
Ik denk.	Je pense.
Ik breng.	J'apporte.

E *en* A & *en* A *ou* O.

Ik lag,	Je mettois.
Ik dacht of docht,	Je pensois.
Ik bracht of brocht.	J'apportois.

E in IE.

Ik help.	J'aide.
Ik schep.	Je crée.
Ik sterf.	Je meurs.
Ik werp.	Je jette.
Ik werf.	Je fais des levées.

E *en* IE.

Ik hielp,	J'aidois.
Ik schiep,	Je créois.
Ik stierf,	Je mourois.
Ik wierp,	Je jettois.
Ik wierf,	Je faisois des levées.

E in O.

Ik delf.	Je fouis.
Ik zend.	J'envoye.
Ik scheld.	J'injurie.
Ik vecht,	Je me bats.
Ik geld,	Je vaux.
Ik swem,	Je nage.

E *en* O.

Ik dolf,	Je foüißois.
Ik zond,	J'envoyois.
Ik schold,	J'injuriois.
Ik vocht,	Je me battois.
Ik gold,	Je valois.
Ik swom,	Je nageois.

Ik ſwel,	J'enfle.	Ik ſwol,	J'enflois.
Ik ſchenk,	Je verſe.	Ik ſchonk,	Je verſois.
Ik ſchend,	Je viole.	Ik ſchond,	Je violois.
Ik ſmelt,	Je fonds.	Ik ſmolt,	Je fondois.

EE in *A.*   EE *en* A.

Ik neem,	Je prens.	Ik nam,	Je prenois.
Ik beveel,	Je commande.	Ik beval,	Je commandois.
Ik eet,	Je mange.	Ik at,	Je mangeois.
Ik vreet,	Je dévore.	Ik vrat,	Je dévorois.
Ik ſteel,	Je dérobe.	Ik ſtal,	Je dérobois.
Ikgenees,	Je guéris.	Ik genas,	Je guériſſois.
Ik ſteek,	Je pique.	Ik ſtak,	Je piquois.
Ik ſpreek,	Je parle.	Ik ſprak,	Je parlois.
Ik meet,	Je méſure.	Ik mat,	Je méſurois.
Ik lees,	Je lis.	Ik las,	Je liſois.
Ik geef,	Je donne.	Ik gaf,	Je donnois.
Ik treed,	Je marche.	Ik trad,	Je marchois.
Ik vergeet,	J'oublie.	Ik vergat,	J'oubliois.
Ik breek,	Je romps.	Ik brak,	Je rompois,

EE in *OE.*   EE *in* OE.

Ik weeg,	Je péſe.	Ik woeg,	Je péſois,
Ik ſweer,	Je jure.	Ik ſwoer,	Je jurois,
Ik beſweer,	Je conjure.	Ik beſwoer,	Je conjurois,

EE in OO.   EE *en* OO.

| Ik ſcheer, | Je raſe. | Ik ſchoor, | Je raſois. |
| Ik beweeg, | J'émeus. | Ik bewoog, | J'émouvois. |

EI in *EE.*   EI *en* EE.

| Ik neig, | Je panche, ou je me baiſſe. | Ik neeg, | Je panchois, ou je me baiſſois. |

I in *A.*   I *en* A.

| Ik bid, | Je prie. | Ik bad, | Je priois. |
| Ik zit, | Je m'aſſieds. | Ik zat, | Je m'aſſéois. |

I in O.   I *en* O.

Ik ding,	Je marchande.	Ik dong,	Je marchandois.
Ik zing,	Je chante.	Ik zong,	Je chantois.
Ik ſpring,	Je ſaute.	Ik ſprong,	Je ſautois.

Ik klim ,	Je monte.	Ik klom ,	Je montois.
Ik spin ,	Je file.	Ik spon ,	Je filois.
Ik begin ,	Je commence.	Ik begon ,	Je commençois.
Ik drink,	Je bois.	Ik dronk,	Je beuvois.
Ik blink,	Je luis.	Ik blonk ,	Je luisois.
Ik krimp,	Je me retraissis.	Ik kromp,	Je me retraislissois.
Ik zink ,	Je coule à fond.	Ik zonk,	Je coulois à fond.
Ik glim ,	Je reluis.	Ik glom,	Je reluisois.
Ik win ,	Je gagne.	Ik won ,	Je gagnois.
Ik verslind,	Je devore.	Ik verslond ,	Je devorois.
Ik klink,	Je sonne.	Ik klonk ,	Je sonnois.
Ik stink ,	Je sens mauvais.	Ik stonk ,	Je sentois mauvais.

IE in OO.   IE en OO.

Ik bied ,	J'offre.	Ik bood ,	J'offrois.
Ik vlied,	Je fuis.	Ik vlood,	Je fuyois.
Ik vlieg,	Je vole.	Ik vloog ,	Je volois.
Ik lieg,	Je mens.	Ik loog,	Je mentois.
Ik schiet ,	Je tire.	Ik schoot,	Je tirois.
Ik giet,	Je fonds.	Ik goot,	Je fondois.
Ik bedrieg,	Je trompe.	Ik bedroog,	Je trompois.
Ik verkies ,	J'élis.	Ik verkoos,	J'élisois.
Ik verlies,	Je perds.	Ik verloor,	Je perdois.
Ik geniet,	Je jouis.	Ik genoot,	Je jouissois.
Het verdriet ,	Il ennuye.	Het verdroot,	Il ennuyoit.

IE in A.   IE in A.

Ik zie ,	Je vois.	Ik zag ,	Je voyois.

O in A.   O en A.

Ik kom ,	Je viens.	Ik kwam , Je venois.

OE in O.   OE en O.

Ik zoek ,	Je cherche.	Ik zocht, Je cherchois.

OE in EED.   OE en EED.

Ik doe ,	Je fais.	Ik deed , Je faisois.

OE in IE.   OE en IE.

Ik roep ,	Je crie.	Ik riep, Je criois.

F

OO in *IE.*		OO *en* IE.	
Ik loop,	*Je cours.*	Ik liep,	*Je courois.*
Ik stoot,	*Je pousse.*	Ik stiet,	*Je poussois.*

OO in O.		OO *en* O.	
Ik koop,	*J'achete.*	Ik kocht,	*J'achetois.*

OU in *IE.*		OU *en* IE.	
Ik houd,	*Je tiens.*	Ik hield,	*Je tenois.*

UI in OO.		UI *en* OO.	
Ik duik,	*Je plonge.*	Ik dook,	*Je plongeois.*
Ik buig,	*Je courbe.*	Ik boog,	*Je courbois.*
Ik druip,	*Je distile.*	Ik droop,	*Je distilois.*
Ik ruik,	*Je flaire.*	Ik rook,	*Je flairois.*
Ik stuif,	*Je fais de la poussiére.*	Ik stoof,	*Je faisois de la poussiére.*
Ik schuif,	*Je pousse en avant.*	Ik schoof,	*Je poussois en avant.*
Ik zuig,	*J'alaite.*	Ik zoog,	*J'alaitois.*
Ik zuip,	*Je hume.*	Ik zoop,	*Je humois.*
Ik snuit,	*Je me mouche.*	Ik snoot,	*Je me mouchois.*
Ik kruip,	*Je rampe.*	Ik kroop,	*Je rampois.*
Ik sluip,	*Je me tiens caché.*	Ik sloop,	*Je me tenois caché.*
Ik sluit,	*Je ferme.*	Ik sloot,	*Je fermois.*
Ik snuif,	*Je réniste.*	Ik snoof,	*Je réniflois.*

Y in *EE.*		Y *en* EE.	
Ik blyf,	*Je demeure.*	Ik bleef,	*Je demeurois.*
Ik dryf,	*Je chasse.*	Ik dreef,	*Je chassois.*
Ik gryp,	*Je saisis.*	Ik greep,	*Je saisissois.*
Ik glyd,	*Je glisse.*	Ik gleed,	*Je glissois.*
Ik kryg,	*Je prends.*	Ik kreeg,	*Je prenois.*
Ik kyk,	*Je regarde.*	Ik keek,	*Je regardois.*
Ik rys,	*Je voyage.*	Ik rees,	*Je voyageois.*

Mitsgaders alle de Woorden die in *yden*, *ygen*, *yken*, en *yten* eindigen, gelyk hier voor gezegt is.

Comme aussi tous les Verbes qui se terminent en yden, ygen, en yken, & en yten ainsi que nous l'avons dit cy-devant.

Dit zy genoeg wegens de maaking van het *Imperfectum* der Regelftrydige Woorden, welken men hier byna altemaal heeft.

Van de formeering des vol-maakten Tyds.

't PRræteritum Perfectum, of de Volmaakte voorleede Tyd, word geformeerd van het *Præfens*, met 'er *ge* voor en *t* of *d* achter aan te voegen, en 'er de Hulpwoorden *hebben* of *zyn* toe te gebruiken ; als *ik hoor, ik heb gehoort ; ik arbeid, ik heb gearbeid*, enz.

Merkt hier aan, dat eenige *Verba Neutra* liever het Woordtje *zyn* hebben ; als by voorbeeld, *ik ben gekomen, ik ben weggetrokken, ik ben wedergekeerd*, enz.

Men moet van dezen Regel uitzonderen de Woorden welke aanvangen met *be, ge, her, mis, om, ont*, en *ver* ; want dezen neemen geen *ge* aan, wordende deze voorzetfels nooit verdubbeld : als *ik bemin, ik heb bemint ; ik geloof, ik heb gelooft ; ik herfchep, ik heb herfchaapen ; ik mifdoe, ik heb mifdaan ; ik omhels, ik heb omhelft ; ik ontken, ik heb ontkent, ik verhaal, ik heb verhaalt*, enz.

Men moet hier ook aanmerken, dat de eindelyke *t* van

En voila affez touchant la formation de l'Imparfait des *Verbes Irreguliers*, qu'on a prefque tous ici.

De la formation des Parfaits.

LE Preterit Parfait *régulier*, fe forme du Prefent de l'Indicatif, en y joignant *ge* au devant, & *t* ou *d* à la fin, & en s'y fervant des Verbes *Auxiliaires* avoir ou être ; comme j'entens, j'ai entendu, je travaille, j'ai travaillé, &c.

Il faut remarquer, que quelques verbes Neutres y aiment mieux le verbe, être ; comme par exemple, je fuis venu, je fuis parti, je fuis retourné ou revenu, &c.

On doit excepter de la Régie que nous avons pofée, les verbes qui commencent par be, ge, her, mis, om, ont, & ver ; car ils ne prennent point de ge au commencement, à caufe que ces Prépofitions ne fe redoublent jamais, comme j'aime, j'ai aimé, je crois, j'ai crû, je récrée, j'ai recréé, je méfais, j'ai méfait, j'embraffe, j'ai embraffé, je méconnois, j'ai méconnu, je raconte, j'ai raconté, &c.

Il faut auffi remarquer ici, que le t qui fe trouve à la fin du

het *Præsens* niet verdubbeld en word ; als by voorbeeld , *ik wacht, ik heb gewacht; ik tracht ik heb getracht* , enz.

Alle Woorden die eenige klinker in het *Imperfectum* veranderen , maaken hun *Perfectum* met *ge* voor den *Infinitivus* te voegen ; als *ik draag , ik droeg , ik heb gedraagen ; ik vaar , ik voer , ik heb gevaaren* , enz. of met *ge* voor en en achter het *Imperfectum* te voegen ; als *ik vecht , ik vocht , ik heb gevochten; ik schenk, ik schonk ik heb geschonken , ik smelt , ik smolt , ik heb gesmolten* , enz.

Alle Woorden die in het *Præsens* een y voor de laatfte medeklinker hebben , maaken hun *Perfectum* van de eerfte perfoon van het Meervoud des *Imperfectums* , met het gemelde *ge* daar voor te voegen ; als *ik blyf , wy bleeven , ik heb gebleeven ; ik klyf , wy keeven , ik heb gekeeven* , enz.

Present de l'Indicatif ne se redouble point ; comme je veille , j'ai veillé , je tache , j'ai taché ; *&c.*

Tous les Verbes qui changent quelque voyelle à l'Imparfait forment leurs Parfaits en mettant ge devant l'Infinitif; comme je porte , je portois , j'ai porté , je navige , je navigeois , j'ai navigé . *&c ou en mettant ge devant & en à la fin de l'Imparfait ; comme* je combats , je combattois , j'ai combattu , je verfe , je verfois, j'ai verfé , je fonds, je fondois, j'ai fondu , *&c.*

Tous les Verbes qui ont au Prefent un y devant la derniére Confone, forment leur Parfait de la premiére perfonne du Pluriel de l'Imparfait, en y ajoutant ge au devant ; comme je demeure , nous demeurions , j'ai demeuré , je contefte , nous conteftions , j'ai contefté.

Onregelmaatige Woorden in het Perfectum.

Verbes Irreguliers dans le Parfait.

Infinitif.		Præsens.	Imperfect.	Perfect.
Bederven,	Corrompre, ou gâter.	ik bederf,	ik bedierf,	ik heb bedurven
Brengen,	Apporter,	ik breng,	ik brocht, of ik heb gebracht, (brocht of gebracht)	
Breeken,	Rompre,	ik breek,	ik brak,	ik heb gebroken

Beveelen , *Commander* , ik beveel , ik beval , ik heb bevolen.
Bidden , *Prier* , ik bid , ik bad , ik heb gebeden.
Denken , *Penser* , ik denk , ik docht ik heb gedocht of dacht , (of gedacht.
Doen , *Faire* , ik doe , ik deed , ik heb gedaan.
Eeten , *Manger* , ik eet , ik at , ik heb gegeeten.
Helpen , *Aider* , ik help , ik hielp , ik heb geholpen.
Koopen , *Acheter* , ik koop , ik kocht , ik heb gekocht.
Neemen , *Prendre* , ik neem , ik nam , ik heb genomen.
Scheppen , *Créer* , ik schep , ik schiep , ik heb geschapen.
Steeken , *Piquer* , ik steek , ik stak , ik heb gestoken.
Slaan , *Battre* , ik slaa , ik sloeg , ik heb geslagen.
Sterven , *Mourir* , ik sterf , ik stierf , ik ben gestorven.
Spreeken , *Parler* , ik spreek , ik sprak , ik heb gesproken.
Sweeren , *Jurer* , ik sweer , ik swoer , ik heb gesworen.
Werpen , *Jetter* , ik werp , ik wierp , ik heb geworpen.
Werven , *Faire des levées* , ik werf , ik wierf , ik heb geworven.
Zeggen , *Dire* , ik zeg . ik zei of zeide , ik heb gezegt (of gezeid.
Zitten , *s'Asséoir* , ik zit , ik zat . ik heb gezeten.
Zoeken , *Chercher* , ik zoek , ik zocht , ik heb gezocht.

Van de formeering des Meer-als-volmaakten Tyds.	De la formation du Plus-que Parfait.
P Raeteritum Plusquam per-feétum , of de Meer-als-	L E Preterit Plus-que Par-fait , *ne differe du Parfait* ,

volmaakte voorleede Tyd, verfcheelt niet van het *Perfeftum* als daar in dat men in de plaats van het *præfens heb* en *ben* het imperfectum *had* en *was* gebruikt, gelyk *ik had gehoord, ik was gekomen,* enz.

qu'en ce qu'on *fe fert au lieu du Prefent* j'ai *&* je fuis, de l'Imparfait, j'avois *&* j'étois *comme* j'avois ouï, j'étois venu, *&c.*

Van de formeering des Toekomenden Tyds

De la formation du Futur.

't *F*Uturum, of de Toekokomende Tyd, word gemaakt van den *Infinitivus,* met 'er het Hulpwoord *zullen* voor te zetten; als *hooren, ik zal hooren, zeggen, ik zal zeggen,* enz.

*L*E Futur, *fe fait de l'Infinitif, en y prépofant le Futur du verbe Auxiliaire* zullen; *comme* entendre, j'entendray, dire, je dirai, *&c.*

Van de Gebiedende Wys.

De l'Imperatif.

d' *I*Mperativus, of Gebiedende Wys, is niet anders als de twede perfoon van het *Præfens,* behalven dat het *Pronomen,* als men het 'er byvoegt, achter het Woord gefteld word; als by voorbeeld, *hoort,* of *hoort gy, leert* of *leert gy,* enz.

l' *I*Mperatif, *n'eft autre chofe que la feconde perfonne du Prefent, horfmis que le Pronom, quand il y eft joint, fe met derriere le verbe; comme par exemple,* entens, *ou* entendez; apprens, *ou* aprenez, *&c.*

Van de Aanvoegende of Wenfchende Wys.

Du fubjonctif ou de l'Optatif.

*D*E Tegenwoordige Tyd, of het *Præfens* van deze Wys, word gemaakt van den *Infinitivus,* met de *n* weg te

*L*E Prefent *de ce Temps, fe fait de* l'Infinitif, *en rejettant* l'n; *comme* entendre Dieu veüille que j'entende

werpen ; als *hooren* , *dat ik hoore* ; *spreeken* , *dat ik spreeken* , enz.

Wat de formeering der andere Tyden belangt , dewyl 'er gantfch geen fwaarigheid in fteekt , zullen wy ze maar kortelyk hier voorftellen.

parler , Dieu veüille que je parle , *&c.*

Pour ce qui regarde la formation des autres temps ; nous les propoferons ici briévement , à caufe qu'il ne s'y trouve point du tout de difficulté.

1. *Imperfect.*	Dat ik hoorde.	*Plût à Dieu que j'entendiffe.*
2. *Imperfect.*	Als ik zoude hooren.	*Quand j'entendrois.*
Perfect.	Dat ik hebbe gehoord.	*Encore que j' aye entendu.*
1. *Plufquamperf.*	Dat ik hadde gehoord.	*Plût à Dieu que j'euffe entendu.*
2. *Plufquamperf.*	Als ik zoude gehoord hebben.	*Quand j'aurois entendu.*
Futur.	Als ik zal gehoord hebben.	*Quand j'auray entendu.*

Van de Onbepaalde Wys.

De l'Infinitif.

OM het *Perfectum* en *Plufquam perfectum* van deze Wys te maaken , voegt men den *infinitivus hebben* by het *Perfectum Indicativi* , als gehoord hebben.

POur former le Parfait *& la* Plus-que Parfait *de ce temps , il ne faut que joindre au* Parfait de l'Indicatif , l'Infinitif *du verbe Auxiliaire,* avoir ; *comme* Avoir entendu.

Van het Deelwoord.

Du Participe.

't P*Articipium Præfens* word gemaakt met *de* aan het eind van den *Infinitivus* te voegen ; als *hooren* , *hoorende*.

't *Participium Præteritum* word gemaakt van het *Perfectum Indicativi* met byvoeging

LE Participe prefent *fe forme , en ajoûtant feulement* de *à la fin de l'Infinitif ; comme* Entendre , entendant.

Le Participe paffé ou préterit , *fe forme du* Parfait *de* l'Indicatif , *en y ajoûtant le*

van het woord *hebbende,* als gehoord *hebbende.*

   't *Participium Futurum* word
gemaakt met voor het Præ-
ſens Infinitivi *zullende* te ſtel-
len ; als *zullende hooren.*

mot ayant ; *comme* Ayant
entendu.

   Le Participe Futur *, ſe fait
en mettant devant le* Preſent de
l'Infinitif *, le mot* zullende *,
comme* Devant entendre *, ou
qui entendroit.*

| *Van het Lydend Woord.* | Du verbe Paſſif. |

't V*Erbum Paſſivum* , of Lydend Woord , word ge-
maakt door de Samenvoeging
der Hulpwoorden *worden* en
zyn , op een zeer lichte manier , gelyk hier volgt.

L*E verbe* Paſſif *, ſe fait par
la conjugaiſon des Verbes
Auxiliaires* devenir *&* être *,
d'une maniere tres-aiſée , ainſi
qu'il s'enſuit.*

	Præſens.	Ik word gehoord.	*Je ſuis entendu.*
	Imperfectum.	Ik wierd gehoord.	*J'étois entendu.*
1.	*Perfectum.*	Ik ben gehoord.	*Je fus entendu.*
2.	*Perfectum.*	Ik ben gehoord geweeſt.	*J'ai été entendu.*
1.	*Pluſqu. perf.*	Ik was gehoord.	*J'étois entendu.*
2.	*Pluſqu. perf.*	Ik was gehoord geweeſt.	*J'avois été entendu.*
	Futurum.	Ik zal gehoord worden.	*Je ſeray entendu.*

   Eer wy van de Samenvoeging der Woorden afſcheiden,
zullen wy hier een Voorbeeld
geeven van een *Verbum Im-
perſonale* , of Onperſoonlyk
Woord.

   *Avant que de quitter la Con-
jugaiſon des verbes , nous donnerons icy un exemple d'un verbe* Imperſonnel.

Samenvoeging van een Onpersoonlyk Woord.

Conjugaison d'un verbe Impersonnel.

Præsens.	Het dondert.	*Il tonne.*
Imperfectum.	Het donderde.	*Il tonnoit.*
Perfectum.	Het heeft gedondert.	*Il a tonné.*
Plusquamperf.	Het had gedondert.	*Il avoit tonné.*
Futurum.	Het zal donderen.	*Il tonnera.*
Imperativus.	Laat het donderen.	*Qu'il tonne.*
Participium.	Donderende.	*Tonnant.*
Infinitivus.	Donderen.	*Tonner.*

Sommige VVoorden echter die onder de Onpersoonlyken gerekend worden , konnen indirectelyk door de zes persoonen geconjugeerd worden ; als by voorbeeld

Il y a neanmoins quelques verbes que l'on conte parmi les impersonnels , qui peuvent être conjuguez par les six personnes ; comme par exemple

Het behaagt
my.
u.
hem , haar.
ons.
u lieden.
hen.

il me
il vous
il luy
il nous
il vous
il leur
Plaist.

Daar worden ook eenige VVoorden in de Nederduitsche Taal gevonden , die de Taalkenders *Verba Reflexiva* noemen , dat 's te zeggen *Wederkeerige Woorden* , in de welken het werk tot den doender wederkeert. Dezen neemen het woordtje *zich* aan , als *zich verwonderen* , *zich verblyden* , *zich bedroeven* , *zich vegrammen* , *zich ontlasten* , enz.

Il se trouve aussi dans la Langue Flamande , quelques Verbes , que les Puristes appellent Reflexifs , c'est à dire Reciproques , dans lesquels l'action retourne à l'Agent. Ceux-cy admettent le pronom zich, se; comme s'étonner , se réjouïr , s'affliger , se courroucer , se décharger , &c.

Deze VVoorden worden aldus geconjugeerd.

Ces Verbes font ainfi conjuguez.

Eenv. *Sing.*	*Meerv.* *Plural.*
Ik verwonder my, *Je m'étonne.*	VVy verwonderen ons, *Nous nous étonnons.*
Gy verwondert u, *Tu t'étonnes.*	Gy l. verwondert u, *Vous vous étonnez.*
Hy verwondert zich, *Il s'étonne.*	Zy verwonderen zich, *Ils s'étonnent.*

Van de famengeftelde Woorden.

Des Verbes compofez

Laat ons nu eens gaan zien, hoe in de Nederduitfche Taal de *Verba Compofita*, of Samengeftelde VVoorden, gemaakt worden. Deze VVoorden worden te famengefteld uit VVortelwoorden (*Verba Primitiva*) en uit Voorzetfels. De Voorzetfels zyn affcheidelyken of onaffcheidelyken. De affcheidelyken konnen op zich zelfs ftaan, en iets betekenen, gelyk deze volgenden zyn: *aan, uit, bujten, binnen, af, by, door, in, mee* of *mede, mis, na, naauw, achter, achterwaarts, boven, onder, na boven, na beneden, na onder, neder, om, op, over, open, famen, te famen, tuffchen, tegen, toe, van boven, van onder, van beneden, voor, voort, vol, uit wel, weder, wederom, weder in, weder uit.*

Voyons maintenant, comme les Verbes de cette Nature fe font en Flamand. Ces Verbes font compofez de Verbes primitifs & de prépofitions. Les prépofitions font féparables ou inféparables. Les féparables peuvent fubfifter par elles-mêmes, & fignifier quelque chofe, comme font les fuivantes, à; de, par, hors, dehors; hors, dehors; dedans; de, prez, auprez, par, chez; par; en, dans; avec; par, moyenant; vers, aprés, felon; de prez; derriere; en arriere; deffus; deffous; en haut; en bas; deffous; en bas; pour; deffus, en haut, debout; outre; ouvert; enfemble; entre; contre; à; d'en haut; de deffous; de deffous; pour, devant; en outre; plein; bien; derechef.

De onaffcheidelyke Voorzetfels alleen ftaande , konnen niets betekenen ; maar aan fommige Woorden vaftge maakt zynde , geeven ze eenige beduiding. Deze onaffcheidelyke Voorzetfels zyn , *be*, *ge*, *er*, *her*, *ver*, en *ont*.

Les Inséparables , toutes feules , ne peuvent rien fignifier ; mais étant jointes à quelques mots , elles fignifient quelque chofe , comme font les Prépofitions be , ge , er , her , ver , *&* ont.

De Woorden , by de welken de Voorzetfels gefteld worden , zyn meeft, of altemaal enkelde Woorden , als *geeven*, *leeven*, *doen* , *laaten*, *maaken*, *draagen*, enz. Deze enkelde VVoorden worden ook VVortelwoorden genoemd.

Les Verbes auxquels font jointes les Prepofitions , ce font la plus part , ou tous , des verbes fimples , ou Primitifs ; comme donner , vivre , faire , laiffer , faire , porter , *&c.*

Alzo worden eenige VVoorden te famengefteld met affcheidelyke Voorzetfels , als *aankomen*, *uit-gaan*, *buiten-fluiten* , *af - trekken* , *by-blyven* , *door-fteeken* , *in-haalen* , *medehelpen* , enz.

Il y a auffi quelques Verbes qui font compofez de Prépofitions féparables , comme arriver , fortir , exclurre , déduire , affifter , percer , introduire , concourir , *&c.*

Alle affcheidelyke Voorzetfels der VVoorden worden in het *Præfens* en het *Imperfeѐlum* achter de VVoorden gefteld , gelyk hier onder te zien is.

Toutes les Prépofitions féparables des Verbes , ne fe mettent qu'aprés les Verbes , au Prefent & à l'Imparfait , ainfi qu'on peut voir cy-deffous.

Præfens.	Prefent.	*Imperfeѐl.*	Imparfait.
Ik kom aan ,	*J'arrive.*	Ik kwam aan ,	*J'arrivois.*
Ik gaa uit ,	*Je fors.*	Ik ging uit ,	*Je fortois.*
Ik fluit buiten ,	*J'exclus.*	Ik floot buiten,	*J'excluois.*
Ik haal in ,	*J'introduis.*	Ik haalde in ,	*J'introduifois.*
Ik trek af ,	*Je déduis.*	Ik trok af ,	*Je déduifois.*
Ik blyf by ,	J'aide.	Ik bleef by ,	*J'aidois.*

Behalven de geenen die voor aan hebben *vol*, *mis* , *achter* ,

Excepté les Verbes qui ont au commencement, vol, mis, ach-

om , over , welker Voorzetfels in de famenvoeging niet verplaatft worden ; en eenigen met *door* , *onder* , en *voor*.

ter , om , over ; *dont les Prépofitions ne font point déplacées dans la conjugaifon : non plus que* door , onder *&* voor *dans certains verbes*.

Præ*fens*.	Prefent.	*Imperfectum*.	Imparfait.
Ik voldoe ,	*Je fatisfais*.	Ik voldeed ,	*Je fatisfaifois*.
Ik mishaag ,	*Je déplais*.	Ik mishaagde ,	*Je déplaifois*.
Ik onderhoud ,	*J'entretiens*.	Ik onderhield ,	*J'entretenois*.
Ik achtervolg ,	*Je talonne*.	Ik achtervolgde ,	*Je talonnois*.
Ik omhels ,	*J'embraffe*.	Ik omhelfde ,	*J'embraßois*.
Ik overdenk ,	*Je medite*.	Ik overdacht ,	*Je meditois*.

En zo voort in alle Tyden en VVyzen.

Et ainfi du refte dans tous les Temps & dans tous les *Mœurs*.

Maar in het *Perfectum*, *Plufquam Perfectum* , en *Futurum* , word deze affcheiding nooit gevonden ; doch het *Perfectum* en *Plufquam Perfectum* neemen ge tuffchen het Voorzetfel en het VVoord aan : behalven de VVoorden daar de Voorzetfels *vol* , *mis* , *onder* , *achter* , *om* , *over* , en *onder* , aan gehegt worden , welke niets aanneemen ; en eenigen die de Voorzetfels *door* en *voor* hebben.

Dans le Parfait , *dans le* Plus que Parfait , *ni dans le* Futur , *cette féparation ne fe fait jamais ; mais le* Parfait *& le* Plus que Parfait *admettent* ge *entre la Prépofition & le verbe* ; Horfmy *dans les verbes , où les Prépofitions ,* vol , mis , onder , achter , om , *&* over , *font attachées , lefquels n'admettent rien . & dans quelques autres verbes qui ont les Prépofitions* door *&* voor *au commencement*.

Præt. Perfectum.
Prét. Parfait.

Præt. Plufquam perfectum.
Prét. plus-que parfait.

Ik ben aangekomen , *Je fuis arrivé*.
Ik ben uitgegaan , *Je fuis forty*.
Ik ben buitengeflooten , *J'ai exclu*.

Ik was aangekomen , *J'étois arrivé*.
Ik was uitgegaan , *J'étois forty*.
Ik had buitengeflooten , *J'avois exclu*.

Ik heb ingehaald , *J'ai intro-*
duit.
Ik heb afgetrokken , *J'ai dé-*
duit.
Ik ben bygebleeven , *J'ai aidé.*

Ik had ingehaald , *J'avois in-*
troduit.
Ik had afgetrokken , *J'avois*
deduit.
Ik was bygebleeven , *J'avois*
aidé.

d'Onafscheidelyke Voorzet-
sels , *be* , *ge* , *er* , *her* , *ver* en
ont , blyven staan , zonder ver-
plaatst te worden , aldus :

Les prépositions inséparables ,
be , ge , er , her , ver , *&* ont,
demeurent sans être deplacees ,
de la maniére que voici.

Præsens.   Present.

Ik bemin ,   *J'aime.*
Ik gedenk ,   *Je me souviens.*
Ik erken ,   *Je réconnois.*
Ik herroep ,   *Je révoque.*
Ik verstaa ,   *J'entens.*
Ik ontfang ,   *Je reçois.*

Imperfectum.   Imparfait.

Ik beminde ,   *J'aimois.*
Ik gedocht ,   *Je me souvenois.*
Ik erkende ,   *Je réconnoissois.*
Ik herroep ,   *Je révoquois.*
Ik verstond ,   *J'entendois.*
Ik ontfing,   *Je recevois.*

En zo voort in alle Tyden en
Wyzen.

Et ainsi du reste dans tous les
Temps & dans tous les Mœufs.

Van het Deelwoord.

Du Participe.

NA het *Verbum* volgt het
Participium, of Deelwoord,
't geen zo veel is als een
VVoordelyke Naam , die geboogen word als een Naam ,
en die Tyden en Persoonen
heeft als een VVoord. De *Par-*
ticipia hebben drie Tyden , te
weeten , het *Præsens præteri-*
tum , en *Futurum* , gelyk wy
hier voor in de Conjugatien
getoond hebben ; mitsgaders
de drie Geslachten der Naamwoorden , te weeten de *Par-*
ticipia Passiva, om ze zo te noe-

APrés le *Verbe* , *suit le Par-*
ticipe , qui est autant qu'un
Nom verbal , lequel se décli-
ne comme un nom , & lequel a
des temps & des personnes, com-
me un verbe. Les Participes
ont trois Temps , sçavoir le
Present, *le Passé , &* le Futur, *ainsi que nous l'avons fait*
voir cy-devant dans les Conjugai-
sons ; Ils ont aussi les trois Gen-
res des Noms , sçavoir les Par-
ticipes passifs , pour les nom-
mer ainsi ; comme par exem-
ple , l'homme bien parlant ,

men, als by voorbeeld, *den welspreekenden man, de welspreekende vrouw, het welspreekend kind.*

Doch men stelt ook bywylen de *e* al volgt 'er een *Nomen neutrum*, als *het bedroefde kind, het verwoeste land*, enz. maar hier vallen geen vaste Regelen af te geeven.

Men voegt ook de *Participia*, of Deelwoorden, onder de andere VVoorden met de zes Persoonen in alle Tyden aldus:

Ik gaa groetende heen.
Je m'en vais saluant.
Gy spreekt al hoesterde.
Vous parlez en toussant.
Hy loopt al schreeuwende.
Il court en criant.
VVy slaapen al beevende.
Nous dormons en tremblant.
Gy l. drinkt al stortende.
Vous beuvez en repandant.
Zy staan al huilende.
Ils sont en pleurant.

dat is	met een groet.
c'est à dire	*avec un salut.*
dat is	met hoesten.
c'est à dire	*avec toux.*
dat is	met geschreeuw.
c'est à dire	*avec cry.*
dat is	met beeven.
c'est à dire	*avec tremblement.*
dat is	met storten.
c'est à dire	*avec effusion.*
dat is	met gehuil.
c'est à dire	*avec pleurs.*

En zo voort in alle andere Tyden en VVyzen.

By deze *Participia* worden de woordetjes *als, toen, wanneer*, verstaan:

---

la femme bien parlante, l'enfant bien parlant.

Mais on met aussi quelquefois l'e, encore que le Participe adjectif soit suivi d'un nom du Genre neutre, comme l'enfant affligé, la terre ravagée, &c. il est cependant mal-aisé d'en donner des Régles assurées.

On joint aussi les Participes parmi les autres verbes avec les six personnes dans tous les Temps, en la manière suivante.

Et ainsi du reste dans tous les autres Temps & Mœufs.

Par ces Participes on explique ces particules, quand lors-que, &c.

Jan flaapende , kwam zyn Meefter.

Jean dormant , fon Maitre arriva.

Hy vond zyn knechten zich dronken drinkende, en malkander flaande.

Il trouva fes valets s'en-yvrant, & fe battant l'un l'autre.

Maria biddende , fprak den Engel.

Marie priant , l'Ange parla.

dat is

c'eft à dire

dat is

c'eft à dire

dat is

c'eft à dire

als Jan fliep , kwam zyn Meefter.

quand Jean dormoit, fon Maitre vint.

hy vond zyn knechten toen zy zich dronken dronken , en malkander floegen.

il trouva fes valets, lors qu'ils s'enyvroient & qu'ils fe battoient enfemble.

als Maria bad , fprak den Engel.

lors que Marie prioit, l'Ange parla.

Men kan ook zeggen

Ik ben roepende.	dat is	ik roep.
Je fuis appellant.	*c'eft à dire*	*J'appelle.*
Gy zyt roepende.	dat is	gy roept.
Vous étes appellant.	*c'eft à dire*	*Vous appellez.*
Hy is roepende.	dat is	hy roept.
Il eft appellant.	*c'eft à dire*	*Il appelle.*

On peut auffi dire ,

De ftemme des roependen in de *Woeftyne* , dat is , de ftemme des geenen die in de woeftyne roept.

La voix du criant au defert, *c'eft à dire* , la voix de celui qui crie au defert.

Van de Bywoorden.

Des Adverbes.

d'ADverbia , of Bywoorden , zyn woorden die niet en veranderen , als bywylen in de Trappen der Vergelyking, en die gevoegd worden by een Naamwoord, Voornaam-

LEs *Adverbes font des mots; qui ne fe changent , que quelquefois dans les degrez de Comparaifon , & qui fe joi-gnent à un Nom , à un Pro-nom, à un Verbe, ou à un Par-*

woord, VVerkwoord, of Deel-woord, om 'er eenige omstandigheid af aan te wyzen.

Alle *Adverba* hebben een groote overeenkomst met de *Nomina Adjectiva*, of Bynaamwoorden, alzo ze beiden de zelve omstandigheden beduiden, en hier alleen verschil in gelegen is, dat de Bynaamwoorden 't zelve te kennen geeven in de zaaken welkedoor de Naamwoorden en Voornaamwoorden worden uitgedrukt, en de Bywoorden in die welke door de VVerkwoorden worden betekend.

De beteikenissen der Bywoorden zyn veelderley, als *van plaats, van tyd, van getal, van vraagen, van ontkennen, van bevestigen, van toonen, van vermaanen, van ordre, van gelykenis, van hoedanigheid, van hoeveelheid, van twyfelen, van scheiden, van sweeren, van verkiezen, van samenvoegen, van verbieden, van wenschen,* en meer anderen.

d'*Adverbia* of Bywoorden van *plaats* zyn vierderley; want ze betekenen *in een plaats, na een plaats, van een plaats,* en *door een plaats.*

De geenen die *in een plaats* en *na een plaats* betekenen, zyn de volgenden: *Hier, daar, waar, overal, nergens, ergens,*

ticipe, pour en montrer quelque circonstance.

Tous les Adverbes ont une grande affinité avec les Adjectifs, parce que tous les deux marquent les mêmes circonstances: & il y a seulement entr'eux cette difference, que les Adjectifs les font connoître dans les choses qui sont exprimées par les Noms & par les Adjectifs; au lieu que les Adverbes le font dans celles qui sont signifiées par les Verbes.

Les significations des Adverbes, sont de diverses sortes, comme de lieu, de temps, de nombre, d'interrogation, de negation, d'affirmation, de demonstration, d'exhortation, d'ordre, de ressemblance, de qualité, de quantité, de doute, de séparation, de jurement, d'élection, de conjonction, de defense, de souhait, & quantité d'autres.

Les Adverbes de lieu, sont de quatre sortes; car ils marquent dans un lieu, vers un lieu, d'un lieu, & par un lieu.

Ceux qui dénotent dans un lieu & vers un lieu, sont ceux que voici: Ici, là, où, partout, nulle-part, quelque-

elders, binnen, na binnen, buiten, na buiten, boven, na boven, beneden, na beneden, opwaarts, nederwaarts, herwaarts, derwaarts, enz.

part, ailleurs, dedans, dehors, en haut, en bas, vers en haut, vers en bas, vers icy, vers là.

De beweeging van een plaats of door een plaats word door dezen uitgedrukt: *Van hier, van daar, van waar of waar van daan, van boven, van beneden, hier door, daar door, waar door,* enz.

Le mouvement d'un lieu, *ou* vers un lieu, *s'exprime par ceux ci:* d'icy, de là, d'où, d'en haut, d'en bas, par icy, par là, par où, *&c.*

Bywoorden van Tyd.

Adverbes de Temps.

Heden, gisteren, eergisteren, morgen, overmorgen, terstond, opstaande voet, nu, tegenwoordig, vroeg, laat, dagelyks, altyd, zelden, dikwils, somtyds, menigmaal, meest altyd, nooit, nimmermeer, ooit, immermeer, eindelyk, ten laatsten, ondertusschen, midlerwyl, voortyds, voor dezen, na dezen, enz.

Aujourd'huy, hier, avanthier, demain, aprés-demain, incontinent, sur le champ, à present, à cette heure, de bonne heure, tard, tous les jours, toûjours, presque toûjours, rarement, souvent, quelque-fois, diverses fois, jamais, onques, enfin, cependant, autrefois, cy-devant, cy-aprés, *&c.*

Van Getal.

De Nombre.

Eens of eenmaal, tweemaal, tienmaal, twintigmaal, honderdmaal, duizendmaal, dikwils, menigmaal, zo veel maal, ten eersten, ten tweden, ten darden, enz.

Une fois, deux fois, trois fois, dix fois, vingt fois, cent fois, mille fois, souvent, diverses fois, autant de fois, premiérement, secondément, troisiémement, *&c.*

G

Van Vraagen.

d'Interrogation.

Waarom , hoe , hoe zo , waarom niet , wanneer ? enz.

Pourquoi? comment? comment cela , *ou* comme quoi? Pourquoi non ? quand ? *&c*

Van ontkennen.

De Negation.

Neen , niet , niets , niet met al , niets ter wereld , geenfins , in geenderley wys , enz.

Non , pas *ou* point , rien rien du tout , rien du monde , nullement , en aucune maniére.

Van Beveftigen.

d'Affirmation.

Ja , voorwaar , voorzeker , zekerlyk , waarlyk , gewiffelyk , in der daad , ongetwyfeld , buiten twyfel , buiten tegenfpraak , in trouwen ja , jemini ja , enz.

Oüi , certes , affurément , vrayment , affurément , verité , fans doute , hors doute , fans contredit , confcience , de bonne foi *&c.*

Van Toonen.

De Démonftration.

Ziet hier , ziet daar , enz.

Voicy , voilà , *&c.*

Van vermaanen.

d'Exhortation.

Sa , wel aan , luftig , wakker , enz.

Cà , he bien , courage , alerte , *&c.*

Van Ordre.

d'Ordre.

Eerftelyk , vervolgens , daar na , naderhand , van te vooren , geduurig , geftadig , enz.

Premiérement , confecutivement , en fuite , puis-après , auparavant , continuellement *&c.*

Van Gelykenis.

De Reffemblance.

Meer , minder , beter , arger , wyzer , voorzichtiger , enz.

Plus , moins , mieux , pire , plus fagement , plus pru

(hier konnen byna alle Adje-ctiva in dienen) gelyk, gelyker-wys, gelyk als, alzo, insgelyks, desgelyks, als of, even als of, enz.

demment, &c. (icy se peuvent rapporter presque tous les Ad-jectifs) comme, tout ainsi que, semblablement, comme si, comme si, &c.

Van Hoedanigheid.

De Qualité.

Wel, kwalyk, rykelyk, ar-melyk, wyselyk, zottelyk, voor-zichtiglyk, zachtjes, zoetjes, enz.

Bien, mal, richement, pauvrement, sagement, pru-demment, mollement, dou-cement, &c.

Van Hoeveelheid.

De Quantité.

Veel, weinig, genoeg, te weing of te luttel, meer of meer-der, min of, minder, ten mee-sten, ten minsten, maatiglyk, vervloediglyk, enz.

Beaucoup, peu, assez, trop peu, plus, moins, au plus, au moins, mediocrement, abondamment, &c.

Van Twyfelen.

De Doute.

Mogelyk, misschien, wellicht, enz.

Peut-être, &c.

Van Wenschen.

De Souhait.

Ach, och of, enz.

Ah! ô si, &c.

Van Scheiden.

De Séparation.

Byzonderlyk, in 't byzonder, alleenlyk, aan een zyde of aan een kant, enz.

Séparement, en particulier, seulement, à part, &c.

Van Samenvoegen.

De Conjonction.

Te samen, gelykelyk, gely-kerhand, 't seffens, te hoop, heel-en-al, altemaal, gantsche-lyk, enz.

Ensemble, tout à fait, en-tiérement, pesle-mesle, &c.

Van Verkiezen.

d'Election.

Liever, *boven al*, *voor al*, *voornaamentlyk*, *inzonderheid*, enz.

Mieux, fur tout, avant toutes chofes, principale-ment, &c.

Behalven noch veele ande-ren welke onder geen zekere tytels gebracht konnen wor-den.

Outre beaucoup d'autres en-core, qui ne fçauroient trouver leurs places dans des Titres par-ticuliers.

Men moet aanmerken, dat fommige *Adverbia* Grond-woorden zyn, die geen af-komft erkennen; als by voor-beeld, *wel*, *eer*, *voor*, *als*, *ja*, *neen*, *zo*, *hoe*, *waar*, *daar*, *hier*, *ginder*, *gifter*, *heden*, enz. en fommigen zyn affpruiten-de uit eenige *Adjektiva*, als *fterk*, *kloek*, *arm*, *ryk*, *wys*, *mild*, *geleerd*, enz. welke ge-meenlyk de lettergreep *lyk* aanneemen, als in de volgen-den gezien kan worden.

Il faut remarquer, qu'il y a quelques Adverbes qui font des mots primitifs, c'eft à dire, qui ne derivent d'aucun autre; com-me par exemple, bien, plûtôt, auparavant, comme, oüi, non, ainfi, comment, où, là, icy, là, hier, aujourd'huy, &c. & quelques autres qui de-rivent ou fe forment de quelques Adjectifs; comme fort, vail-lant, pauvre, riche, fage, li-beral, fçavant, &c. lefquels prennent d'ordinaire la fyllabe lyk, ainfi qu'on le peut veir dans les fuivans.

Adjektiva.	Adjectifs.	*Adverbia.*	Adverbes.
Sterk,	*Fort.*	Sterkelyk,	*Fortement.*
Kloek,	*Vaillant.*	Kloekelyk,	*Vaillamment.*
Arm,	*Pauvre.*	Armelyk,	*Pauvrement.*
Ryk,	*Riche.*	Rykelyk,	*Richement.*
Wys,	*Sage.*	Wyffelyk,	*Sagement.*
Mild,	*Liberal.*	Mildelyk,	*Liberalement.*
Geleerd,	*Savant.*	Geleerdelyk,	*Savamment.*

Men gebruikt ook veele *Adjektiva* voor *Adverbia* zon-

Il y a aufsi beaucoup d'Adje-ctifs, dont on fe fert pour des

der de minfte verandering of vermeerdering, na het voorbeeld der Grieken; als *luiftert naarftig*, voor *naarftiglyk*; *draagt u vroom*, voor *vroomelyk*, enz.

Sommige *Adverbia* zyn enkelden, als *ginder*, *gifter*, *heden*, enz. en fommige famengeftelden, als *eergifter*, *overmorgen*, *hiernamaals*, enz.

d' *Adverbia* veranderen in de Trappen der Vergelyking op de zelve wys als d' *Adjectiva*, daar wy hier voor afgehandeld hebben; als *vroeg*, *vroeger*, *vroegft*, of *aldervroegft*; *laat*, *laater*, *laatft* of *alderlaatft*; *verftandiglyk*, *verftandiglyker*, *verftandiglykft* of *alderverftandiglykft*, enz. doch in de Vergelyking word de lettergreep *lyk* in veele *Adverbia* om de zoetvloeijendheid beter achter wege gelaaten, immers meeft altyd in de *Comparativus* en *Superlativus*; en men zegt en fchryft: *hy fpreekt verftandig*, *hy fpreekt verftandiger*, *hy fpreekt het verftandigft*, of *het alderverftandigft*.

De volgende *Adverbia* zyn onregelmaatig in de Vergelyking.

Adverbes, *à l'imitation des Grecs*, *fans y faire le moindre changement ou la moindre augmentation; comme*, écoutez attentivement, comportez vous vaillamment.

Il y en a quelques-uns, qui font fimples; comme là, hier, aujourd'huy, *&c. & quelques autres qui font compofez; comme* avant-hier, après-demain, après cette fois, *&c.*

Les Adverbes fe changent dans les degrez de Comparaifon, de la même maniére que les Adjectifs, dont nous avons traité cy-devant; comme matin, plus matin, le plus matin, tard, plus tard, le plus tard, intelligiblement, plus intelligiblement, le plus intelligiblement *&c. Mais la fyllabe* lyk *s'ômet pour une plus grande douceur, en quantité* d'Adverbes, *au moins la plus part toûjours dans le Comparatif & dans le Superlatif; & on dit & on écrit*, il parle favamment, il parle plus favamment, il parle le plus favamment.

Les Adverbes fuivans font irreguliers dans la Comparaifon.

Wel.	Beter.	Beft of alderbeft.
Bien.	*Mieux.*	*Le mieux.*
Kwaalyk.	Erger.	Ergft of alderergft.
Mal.	*Plus mal, ou pire.*	*Le plus mal (ou le moins bien.)*

Veel.	Meer *of* meerder.	Meeſt *of* aldermeeſt.
Beaucoup.	Plus.	Le plus.
Weinig.	Minder.	Minſt *of* alderminſt.
Peu.	Moins.	Le moins.

Als men de *Superlativus* gebruikt, doet men gemeenlyk
het lederje *het* voorgaan; als
hy ſpreekt *het verſtandigſt*; hy
heeft het *meeſt* of het *minſt* gedaan, enz.

Quand on ſe ſert du Superlatif, on y fait précéder d'ordinaire l'*Article* het, le; comme, il parle le plus ſpirituelle-
ment, il a fait le plus, ou il a
fait le moins.

Aanmerking.

NA dit voorgaande van
d'*Adverbia* gezegt te hebben, moet ik hier een Aanmerking byvoegen noopende
de woordtjes *al*, *als*, en *eens*,
welke voor de Vreemdelin-
gen niet ondienſtig zal weezen.

Al word genomen op twe-
derley wys, te weeten voor
een *Adjectivum* en voor een
Adverbium: voor een *Adjectivum*, wanneer het betekent
't geen men in het Latyn met
het woordtje *omnis*, en in 't
Franſch met *tout* uitdrukt, gelyk by voorbeeld: *al myn hoop
ſtel ik op den Heere: al de wys-
heid der menſchen is maar ydel-
heid voor God.*

Voor een *Adverbium*, wanneer men met dit woordtje *al-
reedts* betekent; 't geen zeer
dikwils geſchied, gelyk: *Zyt
gy noch zo jong, en hebt gy al zo*

Obſervation.

A Prés avoir dit ce que deſſus
des Adverbes, *je dois
ajoûter icy une Remarque touchant les mots* al, als, *&* eens,
*laquelle ne ſera pas inutile aux
étrangers.*

Al *ſe prend en deux façons,
ſçavoir pour un* Adjectif *&
pour un* Adverbe: *Pour un* Adjectif, *quand il ſignifie ce qu'on
exprime en Latin par le mot* omnis, *& en François par le mot*
tout, *comme par exemple*; je
mets toute mon eſpérance au
Seigneur; toute la ſageſſe des
hommes n'eſt que folie devant Dieu.

Pour un Adverbe, *quand
on veut ſignifier* déja; *ce qui
arrive fort ſouvent, comme*:
Etes vous encore ſi jeune? Et
avez-vous déja fait tant de

veel kwaad gedaan? Hebt gy al gedronken, eer gy eens gegeeten hebt?

In veele gelegentheden betekent het niet met al, en schynt 'er als overtollig; doch de zoetvloeijendheid, daar men in deze Taal byzonderlyk acht op geeft, vereischt het volkomentlyk, gelyk: *hebt gy al gegeeten? hebt gy al gedronken? hebt gy al geslaapen? hebt gy van daag al in de Kerk geweest?* enz. daar men, volgens andere Taalen, maar blootelyk behoefde te zeggen, *hebt gy gegeeten, hebt gy gedronken, hebt gy geslaapen, hebt gy van daag in de Kerk geweest?* Doch de vraaging heeft, door deze byvoeging van het woordtje *al*, een veel grooter bevalligheid.

Al betekent ook *alhoewel: Al heb ik zo veel goederen niet als een ander, myn moed voorziet in dit gebrek: al zyn myn krachten zo groot niet, de wil is echter goed.*

't Woordtje *als* word zeer veel gebruikt voor *wanneer*, en meest altyd in het spreeken, gelyk by voorbeeld: *Als ik myn plicht heb waargenomen, doe ik ook iets tot myn vermaak: als ik vermoeid ben van studeeren, gaa ik my verlustigen met wandelen.*

mal? Avez-vous déja beu, avant que d'avoir mangé?

Fort souvent il ne signifie rien du tout, & il paroit comme superflu: mais la délicatesse dont se pique cette langue particuliérement, le requiert absolûment, comme: Avez - vous déja mangé? avez-vous déja beu? avez-vous déja dormy? avez-vous déja été à l'Eglise? *& c. ce qui se devroit simplement exprimer ainsi, suivant le genie des autres langues,* avez - vous mangé? avez-vous beu? avez-vous dormy? avez-vous été aujourd'hui à l'Eglise? *Mais l'addition de ce petit mot* al *donne beaucoup plus de grace à l'interrogation.*

A l *signifie aussi,* encore que: Encore que je n'aye pas tant de biens qu'un autre, mon courage supplée à ce defaut; Quoi que mes forces ne soient pas si grandes, j'ai néanmoins bonne volonté.

Le mot als *est fort en usage pour signifier* quand, *& presque toûjours en parlant, comme par exemple:* quand j'ai rempli mon devoir, je fais aussi quelque chose pour mon divertissement: quand je suis las d'étudier, je me vais divertir à la promenade.

Veeltyds ook voor *gelyk*, als : *hy leeft niet als een eerlyk man: zy draagt zich niet als een vroome vrouw*, enz.

Men gebruikt het ook altyd in de vergelyking, en alsdan betekent het 't geen de Latinisten met *quam* of *ut*, en de Franschen met *que* uitdrukken, gelyk : *hy is zo lang, zo kort, zo dik, als zyn vader, of oom of broeder*, enz.

En noopende het woordtje *eens*, het schynt insgelyks overtollig te weezen, doch heeft in de manier van vraagen, en ook elders, een byzondere bevalligheid, en een krachtiger uitdrukking, als by voorbeeld : *hebt gy wel eens gebeden ? hebt gy wel eens na Godts Woord willen luisteren?* en in een andere manier van spreeken : *'k had my noch niet eens tot slaapen gelegt : 'k had my noch niet eens gewasschen : 'k had my noch niet eens verschoond*, enz.

Van de Voorzetselen.

UIt de *Præpositiones*, of Voorzetselen, bekomen wy een verklaaring van eenige opzichten der zaaken, die in een re-

---

Il se prend aussi fort souvent pour comme, *par exemple*: il ne vit pas comme ou en honnête homme ; elle ne se comporte pas comme ou en femme d'honneur, &c.

On s'en sert aussi toûjours dans la Comparaison, & alors il signifie ce que les Latins expriment par quam *ou par* ut, *& les François par* que, comme ; Il est aussi grand, aussi petit, aussi gros, que son Pere, ou que son Oncle, ou que son Frere, &c.

Et pour ce qui est du mot eens, *une fois ou un peu, il semble pareillement qu'il est superflu; mais en matiére d'interrogation, & aussi ailleurs, il a une grace particuliére, & beaucoup plus d'énergie, comme par exemple*: Avez-vous bien prié ? avez-vous bien voulu écouter la parole de Dieu ? *& dans une autre façon de parler*: je n'avois pas encore commencé à dormir, je ne m'étois pas encore lavé, je n'avois pas encore changé de linge.

Des Prépositions.

NOus-nous en servons pour signifier quelques circonstances dès choses qui sont contenuës (comprises) dans un dis-

den worden bevat ; en deze Voorzetselen zyn zo verscheiden en onderscheiden, als ze verscheidene en onderscheidene beduideniffen hebben. Doch eerstelyk verdeelt men de Voorzetselen in Affcheidelyken en Onaffcheidelyken. d'Affcheidelyken zyn die niet aan eenig Naam - of Werkwoord vast zyn, en alleen staande een betekening hebben ; welke wederom na hun betekeningen onderscheiden worden. d'Onaffcheidelyken zyn die aan de Woorden en Naamen vast zyn, en afgescheiden niets betekenen, gelyk dezen, *be*, *ge*, *her*, *on*, *ont*, *ver*, *wan*, enz. doch by de Woorden en Naamen gevoegd, geeven ze een gantsch andere beduidenis aan de zelven.

De kennis van het Voorzetsel *be* hangt t'eenemaal af van het gebruik.

Ge betekent gemeenlyk een gedaane zaak, als *gehoord*, *gesproken*, *geleezen*, enz.

Her betekent een herhaaling van eenige zaak, en doet zo veel als het Voorzetsel *re* in 't Fransch ; gelyk *herwinnen*, *herkaauwen*, *herleezen*, enz.

On beduit een gebrek van iets, en doet by na zo veel als *in* in 't Fransch, gelyk *onbekwaam*, *onervaren*, *onverbrec-*

cours ; *& ces Prépositions diffèrent & se distinguent par autant de significations qu'elles ont de significations différentes & distinctes. Mais premiérement on divise les Prépositions, en séparables, & en inséparables. Les séparables sont celles qui ne dependent point d'un nom ou d'un Verbe, & qui ont seulement une droite signification; lesquelles sont derechef distinguées selon leurs significations. Les Inseparables sont celles, qui sont attachées aux Verbes & aux noms, & qui en étant separées ne signifient rien comme celles-cy, be, ge, her, on, ont, ver, wan, &c. au lieu qu'y étant jointes, elles leur donnent une signification toute différente.*

La connoiffance de la Préposition be *depend tout à fait de l'usage.*

Ge fait connoître d'ordinaire une action faite ou paffée, comme entendu, parlé, leu, *&c.*

Her dénote une réiteration de quelque chose, & vaut autant que la Preposition re *en François; comme,* regagner, remâcher, relire, *&c.*

On signifie un manquement de quelque chose, & vaut presque autant qu'in en François; comme, incapable, inexperi-

kelyk, onverdacht, onverſchrikt, onvruchtbaar, enz. Deze *Præpoſitio* word gemeenlyk famengevoegd met een *Adjectivum, Participium*, of *Adverbium*, en nooit of zeer zelden met een *Verbum*.

Ont heeft de zelve betekening, doch word nooit famengevoegd met een *Adjectivum*, maar altyd met een *Verbum* of *Participium*.

Ver betekent ook fomtydts een herhaaling van eenige zaak, gelyk *her*, als *verdoen, verſchryven, vervouwen*, enz. Maar behalven deze betekening, heeft het noch een oneindige menigte van anderen, die men niet genoegfaam kan bepaalen.

Wan beduit ook een gebrek van iets, gelyk *on*, als *wan geloovig, wangunftig, wauluftig*, enz.

d'*Affcheidelyke Vorzetfelen*, daar wy om reden laater af fpreeken als van d'anderen, zyn: *Tot, te, ten, ter, by, voor, achter, tegen, tegens, jegens, nevens, door, op, boven, onder, binnen, buiten, om, rondom, omtrent, tuffchen, na, naar, aan, in, uit, van, met, zonder, behalven*; welke by na altemaal den *Accufativus* regeeren.

menté, inviolable, inconfidéré, intrepide, infèrtile, &c. Cette Prépofition eſt ordinairement jointe à un Adjectif, à un Participe, ou à un Adverbe, & jamais ou fort peu fouvent à un Verbe.

Ont a la même fignification, mais il n'eſt jamais joint à un Adjectif, mais toujours à un Verbe ou à un Participe.

Ver fignifie auſſi quelquefois une réiteration de quelque chofe, de même que her; *comme, réfaire, récrire, réplier, &c. Mais outre cette fignification, il en a encore une infinité d'autres, qu'on ne peut point affez déterminer.*

Wan fignifie auſſi un manquement de quelque chofe, de même qu'on; comme, infidele, envieux, dégouté, &c.

Les Prépofitions féparables, dont nous parlons plus tard que des autres, pour raifon, font: A; chez, auprés; devant, pour; derriére; contre; envers; conjointement, avec; par; fur, deffus, debout; deffus; deffous; dedans; dehors; pour, autour; à l'entour; environ; entre; à, vers, aprés; felon; à; dans, en, au; dehors, de, par; de; avec; fans; hormis: *lefquelles regiffent prefque toutes* l'Accufatif.

1. *Aanmerking.*	1. Remarque.

't VOorzetfel *tot* betekent by wylen een beweeging na een plaats , als: *Komt allen tot my die belaft en belaaden zyt: gaat tot uw Zoons,* (verftaat ten huize van uw Zoon) enz.

En by de naamen van Steden of Dorpen gefteld zynde, heeft het de zelve krachtals *te,* en betekent een zaak die in een plaats gefchied , als : *Hy woont of ftudeert tot Uitrecht : hy arbeid tot Leiden, tot Haarlem , tot Kampen, tot Sardam,* enz.

't Word ook in de volgende manieren van fchryven en fpreeken gebruikt : *Alexander fprak tot zyn Krygsknechten,* te weeten daar de Latiniften en de Franfchen den *Dativus* gebruiken: *Hy waagde zyn leven tot de glorie van zyn Vaderland : hy fprak tot nadeel van het Ryk ,* enz. mitfgaders in de volgende fpreekwyzen , daar de Franfchen zich van het woordtje *chez* bedienen : *Tot mynent, tot onzent, tot uwent, tot zynent.* Maar als het in dufdanige gelegentheid by een *Subftantivum* gevoegd word , als *tot myn Vaders , tot myn Moeders , tot myn Ooms , tot myn Broeders , tot myn Zufters,*

L*A Prépofition* tot *, à , dénote quelquefois un mouvement vers un lieu , comme ; venez à moy vous tous qui êtes chargez , & travaillez ; Allez chez vôtre fils, (c'eft à dire à la maifon de vôtre fils) &c.*

Et étant mife prez des noms des Villes & des Villages , elle a la mêmе force que te , à , & fignifie une chofe qui fe fait en un lieu , comme . Il demeure ou il étudie à Utrecht : il travaille à Leyde , à Haerlem , à Campen , à Sardam , &c.

Ce mot fe dit auffi dans les maniéres d'écrire & de parler , fuivantes : Alexandre parloit à fes Soldats , *fçavoir où les Latins & les François fe fervent du datif.* Il hazarda fa vie pour la gloire de fa Patrie : Il parla au des avantage du Royaume, *&c. comme auffi dans les maniéres de parler fuivantes , où les François fe fervent de la particule* chez : chez moy , chez nous , chez vous , chez lui. *Mais comme en ces fortes de phrafes , il eft joint à un fubftantif , comme ,* chez mon Pere , chez ma Mere , chez mon Oncle , chez mon Frere , chez ma Sœur , *&c. le fubftantif fe doit mettre au*

enz. moet het *Subftantivum* in genitivo gefteld worden , dewyl 'er het woord huis onder verftaan word.

genitif , *à caufe que le mot de maifon y eft fous-entendu.*

2. *Aanmerking.*

VAn de Voorzetfels *te*, *ten*, en *ter*, zou hier meer te zeggen vallen ; doch dewyl wy zulks in de *Syntaxis* doen, daar de Leezer het zal konnen vinden , zullen wy maar eenige byzondere fpreekwyzen ophaalen , daar deze woordtjes op een bevallige manier by *Subftantiva* gevoegd worden , als by voorbeeld met *te* : *Te voet* , *te paard* , *te fcheep* , *te land* , *te water* , *te bed* , *te nacht* , enz. mitfgaders ook deze volgenden met *Verba* : *Te gemoet gaan* , *te gaft gaan* , *te gronde gaan* , *te niet gaan* , *te bruiloft gaan* , *te kerk gaan* , *te beurt vallen* , *te weeg brengen* , enz.

Met *ten* heeft men deze fpreekwyzen: *Ten eerften* , *tweden* , *darden* , enz. *ten hoogften* , *ten laagften* , *ten meeften* , *ten minften* , *ten langften* , *ten kortften* , *ten breedften* , *ten fmalften* , *ten dikften* , *ten dunften* , *ten grootften* , *ten kleinften* , *ten huize* , *ten troon verheffen* , *ten deel gevallen* , enz.

2. Remarque.

IL y auroit lieu de dire quelque chofe de plus des Prépofitions *te* , *ten* , & *ter* , *à* ; *mais parce que nous le faifons dans la* Syntaxe , *où le Lecteur le pourra voir* , *nous remarquerons feulement quelques maniéres de parler fingulieres* , *où ces Prépofitions font jointes avec bien de la grace à des* Subftantifs , *comme par exemple avec te* : A pied à cheval , en batteau , par eau , au lit , cette nuit , &c. *comme auffi ces fuivantes avec les verbes* : Aller au devant , aller au feftin , aller au fond , perir , aller aux nôces , aller à l'Eglife , échoir par le fort , faire , &c.

Ten *convient à ces maniéres de parler* : En premier lieu , en fecond lieu , en troifiéme lieu , &c. au plus haut , au plus bas , au plus , au moins, au plus long , au plus court , au plus large , au plus étroit , au plus épais , au plus menu , au plus gros , au plus petit ; à la maifon ; élever au trône , écheu par le fort , &c.

En met *ter* deze volgenden : *Ter goeder of kwaader uure, ter goeder of kwaader tyd, ter rechter tyd, ter rechter hand, ter flinker hand, ter eere van God, ter zyde, ter oorzaak, ter wereld, ter tempel gaan, ter aarde befteeden, ter ooren komen,* en mogelyk noch eenige weinigen.

Et ter s'accorde avec les fui-vantes : A la bonne heure, à la male heure, dans le bon ou dans le mauvais temps, à point nommé, à la droite, à la gauche, à l'honneur de Dieu, à part, à caufe, au monde, au temple, enterrer, venir aux oreilles, *& peut être encore avec quelque peu d'autres.*

3. *Aanmerking.*

3. Remarque.

DE naauwkeurigften maaken ook een onderfcheid tuffchen *tegen* en *tegens,* en *na* en *naar* ; te weeten, zy gebruiken *tegens* altyd *in malam partem,* daar het een kwaadaardigheid uitdrukt, en *tegen* voor *tot,* als *hy fprak tegen hem,* voor *tot hem.* Men zegt ook *tegen komen,* voor *te gemoet komen.*

LEs Puriftes font auffi quelque différence entre tegen & tegens, & entre na & naar ; *car, ils fe fervent toûjours de* tegens *en mauvaife part, où il eft queftion d'exprimer quelque malice ; & ils fe fervent de* tegen *au lieu de* tot, à, comme, *il parla à lui. On dit auffi,* rencontrer.

Belangende het onderfcheid tuffchen *na* en *naar* ; behalven dat *na* een beweeging na een plaats te kennen geeft, gebruiken zy het voor 't geen dat de Latiniften met *poft,* en de Franfchen met *aprés* uitdrukken, als *na de zomer, na de winter,* enz. en *naar* daar d'eerften zich van *Juxta,* en d'anderen van *felon* bedienen, als *naar myn oordeel, naar myn gevoelen,* enz.

Pour ce qui regarde la diffé-rence d'entre na *&* naar, *outre que* na *donne à connoître un mouvement vers un lieu, ils s'en fervent pour ce que les Latins expriment par* poft, *& les François par* aprés ; *comme* aprés l'été, aprés l'hyver, *&c. & ils fe fervent de* naar *où les premiers employent* Juxta, *& les derniers* Selon ; *comme,* felon mon jugement, felon mon avis, *&c.*

4. *Aanmerking.*

'k MOet hier ook een aanmerking maaken omtrent de Voorzetſels *onder*, en *om*, welke zeer wel verdient plaats te hebben.

't Woordtje *onder* heeft drie zeer verſcheelende betekeningen; want voor eerſt betekent het 't geen men in 't Latyn met *ſubter*, en in 't Franſch met *deſſous* uitdrukt, als: *onder de bank*, *onder de ſtoel*, *onder de bedſtêe*, enz.

Ten tweden, 't geen de Latiniſten met *inter*, en de Franſchen met *parmy* zeggen, als: *onder alle de Koningen is niemand vermaarder als Alexander de Groote: onder alle de Roomſche Keizers was niemand vreedſaamer als Auguſtus, en wreeder. als Nero*, enz.

En ten darden, daar men in 't Latyn *ſub*, en in 't Franſch *ſous* toe gebruikt, als: *onder de Regeering van vroome Overigheden vind men vroome Onderzaaten : onder de beſtiering van ondeugende Voogden gaander Weezen goederen verlooren : mitsgaders onder iemandts gebied of gehoorzaamheid ſtaan, onder ſchyn, onder voorwending*, enz.

4. Remarque.

JE dois faire encore icy une Remarque touchant les Prépoſitions onder *&* om , *qui meritent fort d'y avoir place.*

La Particule onder *a 3 ſignifications fort différentes; car premiérement elle ſignifie ce qu'on exprime en Latin par* ſubter, *& en François par* deſſous, *comme*, ſous le banc, ſous la chaire, ſous le lit, *&c.*

En ſecond lieu ce qu'on exprime en Latin par inter, *& en François par* entre *ou* parmy; *comme:* Parmy tous les Rois, il n'y en a point de plus renommé qu'Alexandre le Grand: parmy tous les Empereurs Romains, il n'y en eût point de plus Pacifique qu'Auguſte, ni de plus cruel que Neron, *&c.*

En troiſiéme lieu, *ce qui ſe dit en Latin* ſub, *& en François* ſous; *comme:* ſous la Regence des bons Magiſtrats on trouve de bons ſujets: ſous la conduite des méchans Tuteurs, les biens de leurs Pupiles déperiſſent: *comme auſſi*, être ſous le commandement ou ſous l'obéïſſance de quelqu'un, ſous prétexte, ſous apparence, *&c.*

't Is ook een zeer gebruike-
lyke manier van spreeken, *iets
onder handen hebben.*

Om betekent somtyds *rom-
dom*, als by voorbeeld : *hy
wandelde om de wallen, hy gaat
meer om de Kerk als 'er in*, enz.
Men zegt ook, *hy ging de gant-
sche Stad om, hy wandelde de
geheele markt om*, enz.

't Is ook gebruikelyk in de
volgende manieren van spreeken : *een slag om 't hoofd geeven*, voor *aan 't hoofd; veele
dingen om handen, of om d'ooren hebben; de tyd is om*, voor
verstreeken; de wind is om,
voor *omgekeerd.* Deze laatste
spreekwys is zeer gemeen.

Anderfins betekent het 't
geen de Franschen uitdrukken
met *pour*, als : *om geld doet men
alle dingen: om de glorie stellen
de dapperen zich dikwils in ge-
vaar*, enz. Meer van dit woordtje *om* zal men vinden in de *Syntaxis*, daar wy handelen van
de *Samenvoeging der Woorden
met Voorzetsels.*

Van de Koppelwoorden.

DE *Conjunctiones*, of Koppelwoorden, zyn de gee-
nen die de woorden en spreu-
ken aan malkander vast bin-
den, als *en, ende, maar*, in-

C'est aussi *une maniére de
parler fort usitée*, avoir quelque chose entre les mains.

Om *signifie souvent à l'entour, comme par exemple* : il
se promena autour des rem-
parts ; vous allez plus autour
de l'Eglise que dedans, *&c.
On dit aussi*, Il alla autour de
toute la Ville, il se promena
autour de tout le marché, *&c.*

*Il est aussi extrémement usité
dans les maniéres de parler suivantes ;* donner un coup à
la teste ; avoir beaucoup de
choses à faire ; le temps est
expiré ; le vent est tourné.
*Cette derniére façon de parler est
fort usitée.*

*Autrement il signifie ce que
l'on dit en François pour, comme* : on fait tout pour de l'argent : les gens de courage
s'exposent souvent pour la
gloire, *&c. On parlera davantage de cette préposition om
dans la Syntaxe, où nous trai-
tons de la liaison des mots avec
les Prépositions.*

Des Conjonctions.

LEs Conjonctions *font celles qui lient les mots & les
sentences ensemble, comme*, &,
mais, si, car, *&c. Les Conjonctions font différentes* (ou di-

dien, *zo*, *want*, enz. Deze Koppelwoorden worden onderscheiden volgens hun beduidenissen en kracht ; want men heeft 'er die men noemen kan *samenbindende*, *scheidende*, *toelaatende*, *wederstrydige*, *oorzaakelyke*, *besluitende*, *voorwaardelyke*, en meer anderen.

Van deze *Conjunctiones*, of Koppelwoorden, valt niets byzonders te zeggen.

stinguées) suivant leurs significations, *& suivant leur puissance : car il y en a que l'on peut nommer*, *copulatives*, *d'autres*, *disjonctives*, *d'autres de concession*, *adversatives*, *de cause*, *de conclusion*, *de condition*, *& plusieurs autres.*

Il n'y a rien à dire touchant ces Conjonctions.

Van de Inwerps[elen.

Des Interjections.

d'**I**Nterjectiones, of Inwerpselen, worden in een reden gebruikt tot ontdekking van de gesteltenis des gemoedts, en zyn verscheiden na de verscheidenheid der hertstochten ; want men heeft 'er *van blydschap*, *van droefheid*, *van lagchen*, *van uitroepen*, *van verwondering*, *van vleijen*, *van dreigen*, *van versmaaden*, *van bespotten*, *van stilswygen*, *van wenschen*, *van goed keuren*, *van vrees*, *van weenen*, enz. als *ha jou* ; *helaas*, *och armen* ; *ha ha ha* ; *o* ; *hoe*, *Jeminy ! eylieve* ; *wee*, *wacht u*, enz.

L*Es* Interjections *servent dans un discours*, *pour découvrir l'état de l'ame*, *& elles sont différentes selon la diversité des passions : car il y a des Interjections de joye*, *de tristesse*, *de rire*, *d'exclamation*, *d'admiration*, *de flaterie*, *de ménace*, *de mépris*, *de raillerie*, *de silence*, *de souhait*, *d'approbation*, *de crainte*, *de pleurs*, *&c. comme ha jou* ; *helaas*, *och armen*, *ha ha ha*, *o* ; *hoe ! jemini ! eylieve* ; *wee*, *wacht u*, *&c.*

Van d'*Interjectiones*, of Inwerpselen, valt insgelyks niets byzonders te zeggen.

Il n'échoit rien non plus, à dire de ces Interjections.

Van de Figuren.

RUim zo veel worden de Figuren by de Nederlanders gebruikt als by de Latynen, doch by de Grieken meer als by alle beiden. Zy behouden ook de Griekſche naamen, en zyn de volgenden: *Proſthesis*, *Epenthesis*, *Paragoge*, *Diæresis*, *Aphæresis*, *Syncope*, *Apocope*, *Crasis quæ & Synæresis*, *Metathesis*, *Antithesis*, en *Tmesis*.

De Figuren worden niet alleen in de Dichtkonſt gebruikt, daar ze zeer wel in te pas komen ; maar ook in *profa*, en in een gemeene dagelykſche reden.

Proſthesis, *feu Additio*, is een byvoeging van een letter, of lettergreep, in 't begin van een woord: als *edoch* voor *doch*, *nemaar* voor *maar*, *hangel* voor *angel*, *fniezen* voor *niezen*, enz.

Epenthesis, *feu Interpositio*, is een tuſſchenſtelling van een letter, of meer, in 't midden van een woord : als *gegeeten* voor *geëeten*, *vryigheid* voor *vryheid*, *ontfagchelyk* voor ont*faglyk*, enz.

Paragoge, *feu Productio*, is een uitſtrekking van een letter, of meer, in 't eind van

Des Figures.

LEs Figures *font auſſi frequentes en Flamand*, *qu'en Latin*, *mais encore plus en Grec. Auſſi retiennent-elles les noms Grecs que voicy* : Proſtheze, Epentheze, Paragoge, Diereze, Aphereze, Syncope, Apocope, Craſe *ou* Synereze, Metatheze, Antitheze, *&* Tmeſis.

On ne fe fert pas feulement de ces Figures dans la Poëſie, *où elles viennent fort à propos ; mais auſſi en Profe dans un difcours familier & ordinaire.*

La Proſtheze *ou* l'Addition, *eſt une addition d'une lettre, ou d'une fyllabe au commencement d'un mot : comme* edoch *pour* doch, *pourtant :* nemaar, *pour* maar, *mais :* hangel *pour* angel, *hameçon :* fniezen *pour* niezen, *éternuer, &c.*

L'Epenthes, *ou* l'interpoſition, *eſt une interpoſition de quelque lettre au milieu d'un mot : comme pour* geëeten, *mangé :* vryigheid, *pour* vryheid, *liberté,* onzagchelyk, *pour* onzaglyk, *rudement.*

La Paragoge *ou la* Production, *eſt une addition de quelque lettre à la fin d'un mot, com-*

een woord : als *heere* voor heer, *vrouwe* voor *vrouw*, *getuigeniſſe* voor *getuigenis*, enz. | me *heere* pour heer, *ſeigneur* *vrouwe* pour vrouw, *femme* *getuigeniſle* pour getuigenis témoignage.

Diærefis, ſeu divifio, is een ſcheiding of deeling van een lettergreep in twee lettergreepen : als *tooren* voor *toorn*, *gaaren*, voor *gaarn*, *zellef* voor *zelf*, enz. | La *Dierees*, ou la divifion, une ſeparation ou un parta d'une ſyllabe en deux : com tooren pour toorn, colér gaaren, pour gaarn, volontie zellef pour zelf, mêmes, &

Deze vier bovenſtaanden zyn de Figuren die een woord verlangen : de volgenden verkorten, of veranderen het zelve. | Ces quatre figures cy-deſſu font des Figures qui allongent mot : Mais les ſuivantes le r courciſſent ou le changent.

Aphærefis, ſeu Ablatio, is het wegneemen van een letter, of meer, van 't begin eens woordts : als *Manuël* voor *Emanuël*, *Sander* voor *Alexander*, *Lysbeth* voor *Elifabeth* : en in de kluchtige manier van ſchryven, *egeeten*, *edaan*, voor *gegeeten*, *gedaan*, enz. | L'Apherefe ou la ſouſtr ction, eſt le retranchement d' ne lettre ou d'une ſyllabe du co mencement d'un mot : com Manuël pour Emanuël Em nuël, Sander pour Alexand Alexandre, Lysbeth pour El zabeth, Elizabeth : & dans l maniéres d'écrire burleſqu egeeten, pour gegeeten, m gé, edaan pour gedaan, fai &c.

Aldus ſchryft men dikwils 't, 'k, 's, in plaats van *het*, *ik*, *des* : als by voorbeeld, '*t is*, voor *het is*, '*k wil*, voor *ik wil*, '*s vaders* voor *des vaders*, enz. | Ainſi écrit-on ſouvent 't, 'k 's, au lieu de het, il, d'ik, je & de des, du ou de : comm par exemple, 't is, pour het is il eſt, ou c'eſt : 'k wil pour wil, je veux, 's vaders pou des vaders, du pere, &c.

Syncope, ſeu Detractio, is het uittrekken van een letter, of meer, uit het midden van een voord : als *ſtâag* voor *ſtadig*, *poën* voor *ſpoeden*, *verrâan* voor *verraaden*, *godzaal'ge* | La Syncope, ou la diſtr ction, eſt le retranchement quelque lettre du milieu d'u mot ; comme ſtâag pour ſtadig conſtant, ſpôen pour ſpoeden hâter, verrâan pour verraaden

voor *godzalige* , *Gôon* voor *Go-*
den , enz. Deze Figuur is zeer
gebruikelyk by de Dichters.

Apocope , *seu Abscissio* , is
een afsnyding van een letter ,
of meer , van 't eind eens
woordts : als *vaan* voor *vaan-*
del , *trom* voor *trommel* , *min*
voor *minder* , *eer* voor *eerder* ,
koom' voor *koome* , *een vrouw*
voor *eene vrouw* , *uw moeder*
voor *uwe moeder* , enz. Deze
Figuur is zeer gebruikelyk , inzonderheid omtrent de Vrou-
welyke Naamwoorden , ter
oorzaak der welvloeijendheid.

Crasis , *seu Contractio* , is een
samentrekking van twee lettergreepen in een : als *Michiel*
voor *Michaël* , *Aron* voor
Aaron , *Abram* voor *Abra-*
ham , *leeg* voor *leedig* , *sneeg*
voor *sneedig* , enz.

Metathesis , *seu Transpositio* ,
is een verzetting van een letter of meer in een woord : als
born voor *bron* , *grut* voor *gort* :
doch deze Figuur is weinig in
gebruik.

Antithesis , *seu Oppositio* ,
is een stelling van een letter
in de plaats van een andere letter : als *kemmen* voor *kam-*

trahir , *godzaal'ge pour* godzalige , *devot* , *Gôon pour* Goden , *Dieux. Les Poëtes se ser-*
vent extremement de ces Fi-
gures.

L'Apocope *ou le Coupement,*
est un retranchement d'une let-
tre ou d'une syllabe , *de la fin*
d'un mot : *comme* vaan *pour*
vaandel , *enseigne ,* trom *pour*
trommel , *tambour* , min *pour*
minder , *moins* , eer *pour* eerder , *plûtôt* , koom' *pour* koome , *vienne* , een vrouw *pour*
eene vrouw , *une femme* , uw
moeder *pour* uwe moeder ,
vôtre mere , *&c. Cette Figure*
est fort en usage , *sur tout dans*
les noms feminins , *à cause de*
la douceur.

La Crase , *ou la* Contra-
ction , *est une reduction de deux*
syllabes en une ; comme Michiel *pour* Michaël , *Michel,*
Aron *pour* Aaron , *Aron ,*
Abram *pour* Abraham , leeg
pour leedig , *vuide* , *oisif* ,
sneeg *pour* sneedig , Cou-
peur.

La Metathese, *ou la* Transposition , *est une transposition*
de quelque lettre dans un mot ;
comme born *pour* bron , *sour-*
ce , grut *pour* gort , *gruau.*
Mais cette figure est peu en
usage.

L'Antithese *ou* l'opposition ,
est la position d'une lettre au
lieu d'un autre ; comme kemmen *pour* kammen , *peigner ,*

men , *vlakken* voor *vlekken* , *toonen* voor *teenen* , *dul* voor *dol* , *gonst* voor *gunst* , enz.

Tmesis , seu Separatio , is een verdeeling van een koppelwoord in de deelen daar het uit te samengesteld is : als *Land-meeter* voor *Landmeeter* ; *Reken-meester* voor *Rekenmeester* , enz.

vlakken *pour* vlekken , *tacher, foüiller* , toonen *pour* teenen , *orteils* , dul *pour* dol , *enragé* , gonst *pour* gunst , *faveur, &c.*

La Tmese *ou la* Separation , *est une division d'une conjonction dans les parties dont elle est composée;comme* Land-meeter *pour* Landmeeter , *Arpenteur,* Reken-meester *pour* Rekenmeester , *Maitre des Comptes , &c.*

Van de

S Y N T A X I S.

AFgehandeld hebbende de drie deelen der Spraakkonst , te weeten de *Orthographia* , de *Prosodia* , en de *Etymologia* ; zo zullen wy overtreeden tot het laatste deel , 't geen by de Grieken *Syntaxis* , en by de Latynen *Constructio* genoemd word , en by de Nederduitschen *een goede samenschikking van Naamen en Woorden tot een volkomene Reden geheeten kan worden.*

De noodige woorden in een Reden zyn voornaamentlyk het *Naamwoord* en het *Werkwoord* ; en het eerste dezer twee gemeenlyk den *Articulus* , of het *Ledeken* , by zich vereisschende , zullen wy een aanvang met het zelve maaken.

De la

S Y N T A X E.

APrés avoir traité des trois parties de la Grammaire , sçavoir de l'Ortographe , *de la* Prosodie , *& de* l'Etymologie ; *nous passerons à la derniére Partie , que les Grecs appellent* Syntaxe , *les Latins* Construction , *& les Flamans un bon arrangement des* Noms & des Verbes *pour rendre un discours parfait.*

Les mots necessaires dans un discours , sont principalement le Nom , *& le* Verbe ; *& le premier de ces deux requerant d'ordinaire l'Article prez de soy , nous commencerons par l'Article.*

Van het Ledeken.　　De l'Article.

DE zelfstandige Naamwoorden hebben gemeenlyk een Ledeken by zich ; als *een mensch,den* of *de man, de vrouw, het kind* , enz.

Het onbepaalde Ledeken *een* word voor alle Naamwoorden gebruikt , van wat geslacht de zelven ook mogen wezen ; als *een man, een vrouw, een kind, een paard, een beest* , enz.

De Ledekens komen over een met de Naamwoorden en Deelwoorden in geslacht , getal , en geval ; als by voorbeeld :

*L*Es Noms *font joints ordinairement à un* *Article* ; *comme* un homme , l'homme , la femme , l'enfant , *&c.*

l'Article indefini un *fert pour tous les noms de quelque genre qu'ils puissent être , comme* un homme , une femme , un cheval , une beste , *&c.*

Les Articles s'accordent avec les Noms & les Participes , en Genre , en Nombre , & en Cas ; comme par exemple ,

	Manlyk.	*Vrouwelyk.*	*Geenderly.*
	Masculin.	Feminin.	Neut.
Nom.	Den man.	De vrouw.	Het kind.
Nom.	*l'Homme.*	*La femme.*	*l'Enfant.*
Gen.	Des mans.	Der vrouw.	Des kinds.
Gen.	*De l'homme.*	*De la femme.*	*De l'enfant.*
Dat.	Den man.	De vrouw.	Het kind.
Dativ.	*A l'homme.*	*A la femme.*	*A l'enfant.*
Accusat.	Den man.	De vrouw.	Het kind.
Accusat.	*L'homme.*	*La femme.*	*L'enfant.*
Abl.	Van den man.	De vrouw.	Het kind.
Abl.	*De l'Homme.*	*De la femme.*	*De l'enfant.*

Den stilswygenden man , de deugdlievende vrouw , het krytend kind ; en zo voort in alle gevallen.

L'Homme paisible, la femme vertueuse, l'enfant pleureur ; *& ainsi du reste dans tous les cas.*

De Ledekens worden alleenlyk voor de Voornaamwoorden gezet, wanneer ze bezittelyk en wezendlyk gefteld worden, en anders niet; als *de mynen, de uwen, de onzen, laaten u groeten*, enz.

Alle eigene naamen van *God, Engelen, Geeften, Menfchen en Beeften*, als mede van *Landen, Koningryken, Steden, en Dorpen*, hebben het Ledeken niet voor zich: want men mag niet zeggen, *den Jehova den Gabriël*, enz. hoewel men in de oude Overzettingen diergelyke dingen vind. Maar als 'er een *Adjectivum* by d'eigene naamen gevoegd word, heeft het Ledeken plaats; als *de godvruchtige David, de wyze Salomon, het weelig Amfterdam*, enz.

Men gebruikt het Ledeken ook niet wanneer men de hoeveelheid van een zaak niet precifelyk bepaalt; als *geeft my geld, brood, wyn, bier, water*, enz. in welk een geval de Franfchen zich altyd van den *Genitivus* bedienen: en derhalven zullen zy dit lichtelyk konnen opmerken.

't Ledeken word ook nagelaaten wanneer een *Nomen fubftantivum* een ander *fubftantivum* volgt, en het *Nomen fubftantivum* door een *genitivus* met het ander als vaft gmaakt

Les Articles fe mettent feulement devant les Pronoms, quand ils font poffeffifs & fubftantifs, & autrement non; comme allez faluer les miens, les vôtres, les nôtres, *&c.*

Tous les noms propres de Dieu, d'Anges, d'Efprits, d'Hommes, *& de* Bêtes, *auffi bien que de* Païs, de Royaumes, de Villes *& de* Villages, *n'admeitent point d'Article: car on ne peut pas dire le* Jehova, le Gabriël, *&c. quoy qu'on trouve de pareilles chofes dans les vieilles traductions. Mais quand les Noms propres font joints à un Adjectif, alors l'Article y trouve fort bien fa place: comme* le pieux David, le fage Salomon, la charmante Amfterdam.

L'on ne fe fert point auffi de l'Article, quand la quantité d'une chofe n'eft pas précifement déterminée; comme, donnez-moy de l'argent, du pain, du vin, de la biére, de l'eau, du fel, *&c. auquel cas les* François *fe fervent toûjours du* Genitif; *& partant ils n'auront point de peine à faire cette obfervation.*

L'on ômet auffi l'Article, quand un Subftantif en fuit un autre, & que le Subftantif eft comme attaché à un autre par le moyen d'un Genitif; comme la Parole du Seigneur, *pour*

as ; gelyk *des Heeren Woord* voor *het Woord des Heeren*, *in myns vaders huis*, voor *in het huis myns vaders*, enz.

la Parole du Seigneur, en la maison de mon Pere *pour en la maison de mon Pere*, &c.

Van de samenschikking der byvoegelyke en zelf- standige Woorden.

De l'arrangement des Adjectifs & des sub- stantifs.

Het *Adjectivum* moet altyd overeenkomen met zyn *Substantivum* in geslacht, getal, en geval, en ook altyd voor het zelve gesteld worden ; als *een vroom man, eene schoone vrouw, een goed kind.*

l' A Djectif *doit toûjours s'accorder avec son Substantif, en Genre en Nombre, & en Cas, & préceder toûjours le Substantif ; comme*, un homme de bien, une belle femme, un bel enfant.

Eenv. Sing.
Den goeden man, *Le bon homme.*
De goede vrouw, *La bonne femme.*
Het goed kind, *Le bon enfant.*

Meerv. Plur.
De goede mannen, *Les bons hommes.*
De goede vrouwen, *Les bonnes femmes.*
De goede kinderen, *Les bons enfans.*

Merkt aan, dat alle *Adjectiva* in het meervoud in alle geslachten eenderley uitgang hebben, gelyk men hier boven zien kan.

Remarquez, que tous les Adjectifs pluriels ont une même terminaison dans tous les Genres, comme on le peut voir cy- dessus.

Overeenkomst in geval.

Convenance dans le Cas.

Nom. Den vroomen man, *L'homme de bien.*
Gen. Des vroomen mans, *De l'homme de bien.*
Dat. Den vroomen man, *A l'homme de bien.*
Acc. Den vroomen man, *L'omme de bien.*

Nom. De schoone vrouw, *La belle femme.*
Gen. Der schoone vrouw, *De la belle femme.*
Dat. De schoone vrouw, *A la belle femme.*
Acc. De schoone vrouw, *La belle femme.*

H 4

Nom.	Het schoon kind.	*Le bel enfant.*
Gen.	Des schoonen kinds.	*Du bel enfant.*

Maar als men nu het Lede-
ken *de* voor het manlyk Geflacht ftelde, gelyk by de befte Schryvers gebruikelyk is,
en gelyk ik ook zelve overal
gedaan zou hebben, indien ik
niet om het onderfcheid der
twee geflachten tot het tegendeel genoodzaakt had ge-
weeft, zou de buiging met
meerder verandering en bevalligheid aldus gefchieden.

*Mais quand on mettroit
l'Article de, le, devant le Genre Masculin, comme le font les
meilleurs Ecrivains, & comme je l'aurois auffi fait par tout,
fi je n'euffe été obligé au contraire pour la diftinction (différence)
des deux genres; la declinaifon
varieroit davantage, & auroit
plus de grace en la maniére que
voicy.*

Nom.	De vroome man.	*L'homme de bien.*
Gen.	Des vroomen mans.	*De l'homme de bien.*
Dat.	Den vroomen man.	*A l'homme de bien.*
Acc.	Den vroomen man.	*L'homme de bien.*

Men moet hier af uitzonderen de naamen der getallen,
welke altemaal in zekere manieren van fpreeken een *Nomen fubftantivum* in 't eenvoud
achter zich hebben; als by
voorbeeld, 10. 20. 100. *man,
laft, mud, fchepel, vadem,
pond, kan, ton, el, jaar.* In
de plaats van 10. 20. 100.
*mannen, laften, mudden, fche-
pels, vademen, ponden, kan-
nen, tonnen, ellen, jaaren;* op
welke manier men behoorde
te fchryven en te fpreeken,
gelyk men bywylen wel doet,
en niet kwalyk: maar alle
Taalkundigen weeten wel, dat

*Il en faut excepter les Noms
des Nombres, qui ont tous
aprés eux, en certaines façons
de parler, un fubftantif au pluriel, comme par exemple, 10.
20. 100. homme, tonneau,
muy, boifeau, toife, livre,
pot, barril, aune, année,
au lieu de 10. 20. 100. hommes, tonneaux, muys, boif-
feaux, toifes, livres, pots,
barrils, aunes, années, en
laquelle maniére on devroit écrire ou parler, comme l'on le fait
bien auffi quelquefois. Mais
tous ceux qui poffedent parfaitement la langue, n'ignorent pas
que l'ufage n'ait un trés-grand*

het gebruik in dufdanige gelegentheden van een zeer groot
vermogen is , en dat men 'er
zich noodzaakelyk na moet
voegen. Doch men moet zich,
hoewel men 100. *jaar* zegt,
wel wachten van te zeggen
100. *maand* , *week* , *dag* , enz.
want dat zou zeer kwalyk ge-
fproken wezen : men moet
zeggen 100. *maanden* , *weeken* ,
dagen , volgens den gemeenen
regel.

Van het Betrekkelyk Voor-naamwoord.

EEn *Pronomen relativum* , of
Betrekwoordtje, moet met
het voorgaande Naamwoord
overeenkomen in geflacht en
getal ; als *ik heb den Heere lief,
die my bewaard heeft ; wy za-
gen mannen , die ons voor by gin-
gen* , enz. alwaar *die* in het eerfte voorbeeld in het eenvoud
met *Heere* , en in het laatfte in
het meervoud met *mannen* in
geflacht en getal overeenkomt. Maar het geval kan ver-
fcheelende weezen , zo het na-
volgende Werkwoord een ander geval vereifcht ; als *de
vriend , dien gy uit zyn nood geholpen hebt ; de zoon , dien gy
ter wereld gebracht hebt* , enz.
alwaar *de* een *nominativus* , en
dien een *accufativus* is.

*pouvoir en de pareilles rencon-
tres , & qu'il ne faille s'y ac-
commoder neceffairement.* Cependant , *quoy qu'on dife* 100.
*an , il faut bien s'empêcher de
dire* cent mois , cent femai-
ne , cent jour , *&c. car ce fe-
roit fort mal parler ; mais il faut
dire,*cent mois,cent femaines,
cent jours , *conformément à la
régle générale.*

Du Pronom Relatif.

UN Pronom relatif *doit
s'accorder avec le Nom pre-
cédent , en Genre & en Nombre;comme,*j'aime le Seigneur,
qui m'a confervé;nous vîmes
(voyions) des hommes qui
nous paffércnt(paffoient)*&c.
où qui convient en Genre & en
Nombre dans le premier exemple au fingulier avec le Seigneur , & dans le dernier au
pluriel avec* des hommes.*Mais
le cas peut être différent , fi le
verbe fuivant regit (demande)
un autre cas ; comme* l'Amy
que vous avez retiré de fa néceffité ; l'enfant que vous
avez mis au monde , *&c. où*
le *eft un Nominatif , & que,
un Accufatif.*

Van de zelfstandige Woorden.

Des Substantifs.

DE *Nomina substantiva* van een zelve zaak komen over een in geval; als *de Stad Amsterdam*, *'t Graafschap Holland*, *de Rivier den Amstel*, *Zuster Anna*, *Broeder Jakob*, enz.

Men moet aanmerken, dat men omtrent Landen, Koningryken, Steden, en Dorpen, dikwils de Fransche manier van spreeken gebruikt, te weeten met 'er *van* by te voegen; als by voorbeeld, *het Koningryk van Spanjen*, *de Stad van Parys*, *het Dorp van Akersloet*, enz.

Maar als *Substantiva* van een verscheelende zaak te samengevoegd worden, moet een van beiden in *Genitivo* staan; als *de Meester van 't werk*, *de vriend van den Koning*, *de gunst van de Vorsten*, *de liefde van de vrouwen*, enz.

Men kan den *Genitivus* ook op een andere manier uitdrukken, gelyk hier voor in de Buiging der Naamwoorden aangeweezen is, te weeten aldus: *de Meester des werks*, *de vriend des Konings*, *de gunst der Vorsten*, *de liefde der vrouwen*, enz.

LEs Noms Substantifs d'une *même chose*, s'accordent en Cas; *comme* la Ville d'Amsterdam, le Comté de Hollande, la Riviére d'Amstel, ma sœur Anne, mon frere Jaques, &c.

Il faut remarquer qu'en matiére de Pais, *de Royaumes*, *de Villes & de Villages*, *on se sert souvent des maniéres de parler Françoises*, *sçavoir en y joignant de*; *comme par exemple*, *le Royaume d'Espagne*, *la Ville de Paris*, *le Village d'Akersloot*, *&c.*

Mais quand des Substantifs d'une chose différente sont joints; *l'un des deux doit être mis au Genitif*, *comme*: le Maître de l'ouvrage, l'Amy du Roy, la faveur des Princes, l'amour des femmes, *&c.*

L'on peut aussi exprimer le Genitif d'une autre maniére, *comme nous l'avons fait voir cy-devant en la déclinaison des Noms*, *sçavoir de cette maniére*: le Maître de l'ouvrage, l'amy du Roy, la faveur des Princes, l'amour des femmes, *&c.*

Maar als twee *Genitivi* malkander volgen , moet d'eene door *van* uitgedrukt worden ; als *de kracht van den geest des wyns , de zonden van de kinderen der menschen* ; of door een anderen *Genitivus* zonder het ledeken , *de zonden van der menschen kinderen* , enz.

Dit geschied om den kwaaden klank , welke door de herhaaling der zelve Ledekens gehoord word , te vermyden.

De *Nomina substantiva* , die *Vaderland , Landen , Steden , Dorpen , Volk* , of *Handwerk* betekenen , worden door *van* of *uit* uitgedrukt ; als *hy is van geboorte een Franschman , een Spanjaard , een Amsterdammer , een Sardammer* , enz. *hy is een schoenmaaker , een smid , een bakker van zyn handwerk* , enz. *hy is uit Vrankryk, uit Spanjen , uit Holland.*

Doch men moet aanmerken , dat dit *uit* niet gebruikt en word als wanneer men spreekt van Landen en Koningryken , en geensius omtrent Steden of Dorpen : want men mag niet zeggen, *hy is uit Amsterdam , uit Leiden* , enz. men moet noodzaakelyk zeggen , *hy is van Amsterdam , van Leiden , van Sardam* , enz.

Mais quand deux Genitifs *s'entre-suivent , l'un doit être exprimé par van , de ; comme ,* la force de l'esprit de vin , les péchez des enfans des hommes , *ou par un autre* Genitif *sans* Article , les péchez des enfans des hommes , *&c.*

Cecy se fait pour éviter la Cacophonie qui se rencontre en la repetition des mêmes Articles.

Les Noms Substantifs , *qui signifient la* Patrie , des Païs , des Villes , des Villages, des Peuples , *& des* Mestiers , *s'expriment par van ou par uit , de ;* c'est un François , un Espagnol , un Amsterdamois , & un Sardamois de naissance , *&c.* c'est un Cordonnier , un Maréchal , un Boulanger de son métier,*&c.* il est de France , d'Espagne , de Hollande , *&c.*

Mais on doit remarquer , que cét uit , de , n'est point en usage , que quand on parle des Païs , & des Royaumes , & nullement au regard des Villes & des Villages : car on ne peut pas dire , il est d'Amsterdam , de Leyde , &c. on doit dire nécessairement , hy is van Amsterdam , van Leiden , van Sardam , &c.

Van de byvoegelyke Woorden.

Des Adjectifs.

DE *Nomina adjectiva neutra* worden by wylen voor *Nomina ſubſtantiva* genomen ; als doet het goede , vlied het kwaade , verlaat het wereldſche en verkieſt het geeſtelyke , enz.

De vergelykende *Adjectiva* hebben achter zich de woordetjes *als* of *dan* , met een *Nominativus* ; by voorbeeld , goud is beter als zilver , zilver is koſtelyker dan koper , enz.

Men voegt 'er ook tweemaal het woordetje *hoe* by ; als hoe langer hoe liever , hoe ouder hoe arger , hoe ryker hoe gieriger , enz.

Alle *Superlativi* vereiſſchen een *genitivus* , of de præpoſitiones *over* , *onder* , *in* ; als , hy is de getrouwſte van alle de vrienden , hy is de booſte der deugnieten , hy is de ſtrengſte over zyn kinderen , hy is de gaauwſte onder de ſchoolieren , hy is de rykſte in de gantſche Stad , enz. doch men zegt wel zo goed , hy is de rykſte van de gantſche Stad.

De *Adjectiva* die overvloed , kennis , waardigheid , en 't geen het tegendeel beduid , te kennen geeven , worden met een

LEs Adjectifs Neutres ſe prennent quelquefois pour des ſubſtantifs ; comme , faites le bien , fuyez le mal , renoncez au temporel , choiſiſſez le ſpirituel , &c.

Tous les Comparatifs ont aprés eux les Particules als ou dan , que , avec un Nominatif ; par exemple , l'or eſt meilleur que l'argent , l'argent eſt plus cher que le cuivre , &c.

L'on y ajoûte auſſi deux fois la particule hoe , combien ; comme de plus en plus cher , de plus en plus , mâchant , de plus en plus avare , &c.

Tous les ſuperlatifs demandent un Genitif , ou les prépoſitions , over , onder , in : comme , c'eſt le plus fidéle de tous les amis ; c'eſt le plus méchant des hommes ; c'eſt le plus puiſſant de tous ſes enfans ; c'eſt le plus habile des Ecoliers ; c'eſt le plus riche de toute la Ville. *Mais on ne dit pas moins bien* , hy is de rykſte van de gantſche Stad.

Les Adjectifs qui donnent à connoître , de l'abondance , de la connoiſſance , de la dignité & leur contraire , ſont com-

genitivus te samen gesteld ; als *vol zoeten wyns , der dagen zad , des kwaadts gedachtig , der zaak bewust , des doodts waardig , enz.*

De geenen , die *begeerte en pooging* betekenen , hebben de præpositiones *na , tot , of om te* met een *infinitivus* ; als *lustig na vleesch of visch , genegen tot den drank , begeerig om te zien of te hooren ,* enz.

Met den *Dativus* worden te samen geschikt de geenen die *gunst , nut , gelykenis , gebuurschap , maagschap ,* en het tegendeel betekenen ; als *den vrienden gunstig , genegen , ongunstig , haatig , nydig ,* enz. *den goeden nut , schadelyk , noodig , goed , gezond ,* enz. *den Vader , den Broeder , den Oom gelyk , ongelyk , vreemd ,* enz.

Met den *Accusativus* worden te samengevoegd de geenen die *maate , gewicht , grootheid , spatie , afstand van plaats , tyd* en *ouderdom* betekenen ; als *drie vademen lang , breed , hoog , diep , wyd , dik ,* enz. *honderd ponden swaar , tien voeten groot , twintig mylen lang , vyftig jaaren oud ,* enz.

d'*Adjectiva* , die een *oorzaak* betekenen , neemen de præpositiones *van of aan tot zich* ; als *moede van arbeid , dron-*

posez du Genitif ; comme plein de vin doux , las de vivre , *memoratif du mal ,* instruit de l'affaire , digne de mort , *&c.*

Ceux qui signifient du desir *& de* l'effort , *ont les prépositions* na , tot , *ou* om te *avec un Infinitif ; comme ,* avide de viande ou de poisson , adonné à boire , desireux de voir ou d'entendre , *&c.*

Ceux qui marquent de la faveur , du besoin , de la ressemblance , du voisinage , du parentage , & leur contraire , *regissent un datif ; comme ,* favorable affectionné , contraire , odieux , envieux à ses amis , *&c.* profitable , dommageable , nécessaire , bon , salutaire au bien , *&c.* semblable , dissemblable , étrange , au Pere , au Frere , à l'Oncle , *&c.*

Ceux qui dénotent de la dimension , du poids , de la grandeur , de l'espace , de la distance de lieu , de temps *&* d'âge , *veulent un Accusatif ; comme ,* long , large , haut , profond , ample , épais de trois toises , *&c.* cent livres pesant , grand de dix pieds , long de vingt milles , âgé de 50. ans , *&c.*

Les Adjectifs qui marquent une cause , *admettent les prépositions* van *ou* aan ; *comme ,* las de travail , plein de vin ;

ken van wyn, ziek aan het water, aan de koorts, enz.

Die een *werktuig* betekenen, regeeren een *Ablativus* met het woordetje *met*; als *met roeden gegeesseld*, *met stokken geslagen*, *met den swaarde gerecht*, enz. 't Is waar, dat deze woorden *Participia* zyn; doch ze zyn ook ter zelve tyd *Adjectiva*.

d'*Adjectiva* van *materie* of *stof* worden uitgedrukt met *uit* of *van*: als *van goud gemaakt*, *van koper gegooten*, *uit hout gesneeden*, *uit kley geformeerd*, enz.

Die eenige *geestelyke* of *ligchaamelyke gesteldheid* betekenen, neemen *aan* of *van* tot zich: als *vrolyk of droevig van geest*, *groot of klein van persoon*, *lam of kreupel aan handen*, *voeten*, enz.

malade d'hydropisie, de fiévre, *&c.*

Ceux qui dénotent un Instrument, *regissent un Ablatif avec la particule (préposition)* met; *comme*, foüeté de verges; battu à coups de batons; décollé, *&c. Il est vrai, que ces mots sont participes; mais ils sont aussi en même temps* Adjectifs.

Les Adjectifs *de matiére ou* d'étoffe, *sont exprimez par* uit *ou* van : *comme* fait d'or, fondu de cuivre, taillé en bois, formé d'argile, *&c.*

Ceux qui marquent quelque faculté de l'esprit ou du corps, *admettent* aan *ou* van : *comme*, gay ou affligé d'esprit, grand ou petit de taille, paralytique ou estropié des mains, des pieds, *&c.*

Van de Voornaamwoorden.

Des Pronoms.

DE *Pronomina* moeten, zo wel als d'*Adjectiva*, in geslacht en getal met de *Substantiva* overeenkomen, maar niet altyd in geval, gelyk wy hier voor omtrent het *Pronomen relativum* getoond hebben.

't Vraagend Pronomen *wat* met *voor* is van alle geslachten, getallen, en gevallen, en word voor alle *Substantiva* ge-

L*Es* Pronoms, *aussi bien que les* Adjectifs, *doivent convenir avec les* Substantifs *en* Genre *&* en Nombre, *mais non pas toûjours en* Cas, *comme nous l'avons fait voir cy-devant au* Pronom relatif.

Le Pronom Interrogatif wat *avec* voor, *est de tous les* Genres, *de tous les* Nombres, *& se met de-*

steld : als *wat voor een man is
't ? wat voor een vrouw is 't ?
wat voor een huis is 't ? wat voor
lieden zyn het ? wat voor boe-
ken zoud gy koopen ?* enz. en alhier betekent dit *wat* zo veel
als *welk.*

Doch het word noch in verscheidene andere betekenissen
gebruikt, als

Wat kost dat ? *in plaats van*
hoe veel.

Wat moogt gy zo bedroefd
wezen ? *in plaats van* waarom.

Wat ! hebt gy geen reden
om vernoegd te zyn ? *in plaats
van* hoe !

Die geen, of *de geen*, vereischt altyd een *Pronomen relativum* achter zich ; als *die geen
is waarlyk gelukkig, welke met
zyn lot te vrede is.*

Wanneer de werking in den
doender doorgaat, gebruikt
men den *Accusativus* van het
Primitivum *zich* ; als *hy heeft
zich daar schade mee gedaan,*
en geensins, gelyk veele verkeerdelyk schryven, *hy heeft
hem daar schade mee gedaan :*
want dit *hem* betekent een anderen persoon, en kan op gee-
nerley wys in den voorgemel-
den zin goed gevonden worden. 't Is waar, men spreekt
wel alzo ; doch het is een
gantsch andere zaak te spreeken, als te schryven.

*vant tous les substantifs ; com-
me, quel homme est cela ?
quelle femme est cela ? quelle
maison est cela ? quelles gens
font cela ? quels livres ache-
teriez - vous ? & en cet endroit ce* wat *vaut autant que*
welk, *quel ?*

*Mais on s'en sert encore en
beaucoup d'autres significations,
comme*

*Que coute cela ? au lieu de
combien ?*

*De quoi pouvez-vous être si
triste ? au lieu de pourquoy ?*

*Quoy ! n'avez-vous point su-
jet d'être content ? au lieu de
comment !*

Die geen *ou* de geen, *demande toûjours un* Pronom relatif *aprés soy ; comme, celuy-
là est veritablement heureux,
qui est content de sa condition.*

*Quand l'effet passe à l'A-
gent, on se sert de l'Accusatif du primitif soy ; comme
il s'est causé du dommage
par-là, & non pas, com-
me plusieurs écrivent mal à
propos,* hy heeft hem daar
schade mee gedaan : *car cet*
hem *signifie une autre personne,
& ne peut en nulle manière
convenir au sens précedent. Il
est vray qu'on parle bien ainsi :
mais, c'est toute autre chose de
parler & d'écrire.*

Van de Syntaxis der Werk-woorden.

De la Syntaxe des Verbes.

ALle *perſoonlyke Werkwoorden* eiſchen voor zich een *Nominativus* van de zelve perſoon en getal ; als *ik wil* , *gy zyt* , *hy ſlaat* ; *wy ſpreeken* , enz. *Een Chriſten moet een goed leven leiden ; de Chriſtenen behooren malkander te verdraagen* , enz.

Maar als men vraagt , word de *Nominativus* achter het *Verbum* geſteld ; als *bezitten de kooplieden van Amſterdam groote rykdommen ? is de Regeering daar ter plaatſe wel geregeld ? is 'er niemand ?* enz.

Bywylen word de *Nominativus* in een andere reden ook wel achter het *Verbum* geſteld, doch alſdan gaat 'er iets voor, ter oorzaak van het welk de ſchikking veranderd word ; als *giſteren waren de Heeren hier by malkander vrolyk ; eer wy t'huis kwamen , moeſten wy noch eens drinken* , enz. 't geen men , volgens onze eerſte ſtelling , aldus zou moeten zeggen : *de Heeren waren hier giſteren by malkander vrolyk ; wy moeſten noch eens drinken , eer wy t'huis kwamen.* Op deze

TOus *les* Verbes perſonnels *demandent devant eux un* Nominatif *de la même perſonne & du même nombre* ; *comme* , je veux ; tu es , il bat ; nous parlons , &c. Un Chrêtien doit mener une bonne vie , les Chrêtiens ſe doivent ſupporter l'un l'autre , &c.

Mais quand on interroge , *le* Nominatif *ſe doit mettre aprés le* Verbe ; *comme* les Marchands d'Amſterdam poſſédent-ils de grandes richeſſes ? le gouvernement y eſt-il bien reglé ? n'y a-t-il perſonne ? &c.

Quelquefois dans un autre diſcours, le Nominatif *n'eſt pas moins bien placé aprés le* Verbe. *Mais alors il y a quelque choſe qui précede , à cauſe de quoy la conſtruction eſt changée* ; hier les Meſſieurs ſe divertirent enſemble icy ; avant que nous revinſſions à la maiſon , il nous fallut encore boire une fois , &c. *ce qu'il faudroit , ſuivant nôtre première regle , dire de cette maniére* : de Heeren waaren hier giſteren by malkander vrolyk ; wy moeſten noch eens drinken , eer wy

wys komt de *Nominativus* volgens de natuurlyke orde.

Twee of meer *Singularia*, door het woordetje *en* by malkander gevoegd, moeten een *Verbum* in *plurali* hebben; als *myn vader en moeder zyn gekomen, myn broeder en zuster zyn uit de Stad geweest*, enz.

Men moet hier aanmerken, als de *Nominativi* van verscheidene persoonen zyn, dat het *Verbum* alsdan met het waardigste overeenkomt: want de eerste persoon *ik* is waardiger als de twede *gy*; en de twede *gy* is waardiger als de darde *hy* of *zy*; en zo voort met de anderen in 't veelvoud: als by voorbeeld, *ik en gy willen gaan, gy en hy zult gaan, ik en myn broeder zyn vertrokken*, enz. In dit geval gaat ook het manlyk geslacht voor het vrouwelyk, en het vrouwelyk voor het geenderley.

De Nederlanders hebben een manier van spreeken, in de welke twee *Infinitivi* door een *Verbum finitum* aan malkander gehegt worden; als *borgen maakt zorgen*, in plaats van *de borging baart zorg; geeven doet leeven, aanzien doet gedenken*, enz.

wy t'huis kwamen. *De cette manière, le Nominatif vient suivant l'ordre naturel.*

Deux ou plusieurs Singuliers *joints par la Copulative* en, *doivent avoir le Verbe au Pluriel; comme,* mon pere & ma mere font venus, mon frere & ma sœur ont été hors de la Ville.

Il faut icy remarquer, que quand les Nominatifs font de différentes personnes, le Verbe s'accorde avec la plus noble: Car la premiére personne je ou moy, est plus noble que la seconde toy ou vous; & la seconde toy ou vous, est plus noble que la troisiéme luy ou elle, & ainsi du reste au pluriel; comme par exemple, vous & moy voulions nous en aller; vous & luy vous en irez; mon frere & moy sommes partis, *&c. En ce cas aussi le Genre Masculin précéde le Feminin, & le Feminin le Neutre.*

Les Flamans ont une maniére de parler où deux Infinitifs *font joints l'un à l'autre par un Verbe finy; comme,* cautionner fait foucier, *au lieu de;* le cautionnement fait de la peine; donner fait vivre: voir fait ressouvenir, *ou la* veuë donne envie, *&c.*

De *Nominativus* achter het *Verbum*.

't *V*Erbum ſubſtantivum, *zyn of wezen*, gaat voor den *Nominativus*: als *God is de liefde: ik ben de weg, de waarheid en het leven: zy zyn het begin van deze twiſt: dezen zyn de naamen der kinderen Iſraëls,* enz.

De *Nominativus* komt ook achter de *Verba nominandi*, en de geenen die eenige gebaarden of ſtand beduiden: als *Chriſtus word een Nazarener genoemd, hy word Koning geheeten, hy drinkt nuchter, hy ſlaapt zorgeloos,* enz.

De *Genitivus* met het *Verbum*.

't *V*Erbum ſubſtantivum, *zyn of wezen*, vereiſcht een *genitivus* achter zich, wanneer het voor *toebehooren* genomen word: als *wy zyn des Heeren, wiens zyn die goederen?* enz.

De *genitivus* word ook in deze woorden achter het *Verbum* geſteld: *gedenkt myner of onzer ontfermt of erbarmt u myner, of onzer.*

Le Nominatif aprés le Verbe.

*L*E *Verbe ſubſtantif*, être, *va devant le Nominatif:* comme Dieu eſt la charité: je ſuis la voye, la verité, & la vie: ils ſont les Auteurs de cette querele: ce ſont les noms des Enfans d'Iſraël, *&c.*

Le Nominatif va auſſi aprés les Verbes appellatifs & aprés ceux qui denotent quelque naiſſance ou quelque état: comme Chriſt eſt nommé un Nazareen, il eſt nommé Roi, il boit à jeun, il dort ſans ſoucy.

Le Genitif avec le Verbe.

*L*E *verbe ſubſtantif*, être, *requiert un Genitif aprés ſoy, quand il eſt pris pour appartenir: comme*, nous ſommes au Seigneur: à qui ſont ces marchandiſes-là ? *&c.*

Le Genitif eſt auſſi mis aprés le Verbe, dans ces verbes: ſouvenez-vous de moy, ou de nous, ayez pitié ou compaſſion de moy, ou de nous.

De Dativus met het Verbum.

DEze *Dativus* is altyd van de persoon , en word met of zonder *aan* uitgedrukt, zonder onderscheid als in de *pluralis* , daar men zegt *aan de lieden* of *den lieden* : als *geeft het aan de lieden die het van doen hebben , of geeft het den lieden die het van doen hebben* : en in dit geval neemen de *Adjectiva* in de *pluralis* ook een *n* aan : als by voorbeeld , *geeft den behoeftigen lieden daar ze zich mee konnen geneeren.* Anderfins lyden de *Adjectiva* geen verandering in de *pluralis* , gelyk wy hier voor gezegt hebben.

Le Datif avec le Verbe.

LE *Datif est toûjours de la personne , & il s'exprime indifferemment par ou sans aan , sinon au pluriel , où l'on dit aux gens : comme , donnez-le aux gens qui en ont à faire : & en ce cas les Adjectifs prennent aussi une n au pluriel : comme par exemple , donnez à ces pauvres gens de quoy vivre. Autrement les Adjectifs ne souffrent point de changement au pluriel , ainsi que nous l'avons dit cy-devant.*

d'Accusativus met het Verbum.

ALle *Verba activa* regeeren een *accusativus* ; als *hy bemint den Keizer* (onderstel hier, dat men in de nominativus *de* zegt) *hy prijst den vroomen Koning , hy slaat den trotsen vyand* , enz.

L'Accusatif avec le Verbe.

TOus les verbes Actifs regissent un accusatif ; *comme , il aime l'Empereur (supposez icy qu'on dit de , le , au nominatif)* il louë le bon Roy , il bat le fier ennemy.

d'Ablativus met het Verbum.

ALle *Verba Passiva* vereischen een *Ablativus* met

L'Ablatif avec le Verbe.

TOus les Verbes Passifs requiérent un *Ablatif* avec

de voorftellingen *van* , *door* , of *met* ; als *het kind word van zyn Vader gekaftyd, de Turken worden door de Chriftenen vervolgd* , *hy word met voeten getreeden* , enz.

les prépofitions par *ou* avec ; comme , l'enfant eft chatié par fon Pere , les Turcs font pourfuivis par les Chrêtiens , il eft foulé aux pieds.

Samenvoeging van de Woorden met Voorzetfels.

Liaifon ou jonction des Verbes avec les Prépofitions.

DAar zyn fommige Woorden , die in de conftructie eenige Voorzetfelen hebben , als *met* , *na* , *over* , *om* , *van* , *voor* , *uit* , enz. gelyk by voorbeeld ,

IL y a quelques *verbes qui ont dans la Conftruction quelques prépofitions* , comme met, na , over , om , van , voor, uit , *&c. comme par exemple.*

Met.

Deze *Præpofitio* word gevoegt by alle de *Verba* daar werktuigen by te pas komen ; als *hy flaat met de hand* , *hy ftoot met de voet* , *hy eet met de lepel* , enz.

De wyzen van doen worden ook door *met* uitgedrukt , als *hy handelt met bedrog, hy fpreekt met liftigheid* , enz.

Met.

Cette prépofition eft jointe à tous les Verbes où les inftrumens viennent à propos ; comme , il frappe de la main , il ruë du pied , il mange avec la culier, *&c.*

Les maniéres de faire font auffi exprimées par met, *comme* , il agit avec fraude , il parle avec fineffe , *&c.*

Na.

Ik verlang *na* huis , hy dorft *na* water , hy ruikt *na* muskus , hy ftinkt *na* look , enz.

Na.

Il afpire aprés la maifon , il tranfit de foif , il fent le mufc , il fent l'ail , *&c.*

Over.

Ik ben verwonderd *over* zyn ftoutheid , ik klaag *over* zyn

Over.

Je fuis étonné de fa hardieffe , je me plains de fa vie dé-

ongeregeld leven , ik ben be-droefd *over* myn broeder, hy treurt *over* zyn zonden , hy draagt rouw *over* zyn zuster , ik erbarm of ontferm my *over* u , enz.

réglée, je suis affligé de mon frere , il a du repentir de ses pechez , il porte le deüil de sa sœur , j'ai pitié ou compassion de vous, *&c.*

Om en voor.

Om *&* voor.

Deze *præpositiones* komen te pas by Woorden van koopen , en verkoopen , doch *voor* is beter en gebruikelyker , en *om* alleenlyk goed in weinige gelegentheden ; als *ik doe het om een kleintje over , ik laat het u om een stuiver over* , enz. Anderfins zegt men beter , *ik heb dat voor zes stuivers gekocht,* als *om zes stuivers* ; *ik verkoop het honderd voor acht guldens ,* als *om acht guldens ,* enz.

Ces *prépofitions viennent à propos aux verbes d'acheter & de vendre ; mais* voor *est le meilleur & le plus en usage, &* om *n'est bon qu'en quelques rencontres ; comme ,* je le fais pour tant soit peu d'avantage, je vous le laisse pour un peu plus d'un sol, *&c. Autrement on dit mieux ,* je l'ay acheté six sols, *que pour* six sols ; je vens le cent huit francs *que pour huit francs , &c.*

Wyders heeft men met *voor* en *om* deze volgende en meer diergelyke manieren van spreeken : *ik ben vervaard voor een leeuw , hy schrikt voor een spook , hy loopt voor een muis weg , hy vlucht voor zyn vyand,* enz. *hy roept om drank , of eenig ander ding ; hy schreeuwt om hulp , hy spreekt om geld , hy vryd een dochter om haar goed , hy dient om geld , hy krakeelt om geld en goed , hy zingt om tydverdryf , hy stryd om d'overhand ,* enz.

D'ailleurs on a avec voor *&* om *, les manieres de parler suivantes , & plusieurs autres :* j'ay peur d'un Lion, il s'épouvante d'un Phantôme , il s'enfuit devant une souris, il fuit devant l'ennemy , *&c.* il demande à boire , *ou quelque autre chose ,* il crie au secours , il parle pour de l'argent , il fait l'amour à une fille pour son bien , il sert pour de l'argent , il querelle pour de l'argent & pour du bien. Il chante pour passer le temps , il combat pour la victoire.

Van.

Hy klaagt van weelde , hy springt op van blydschap , hy beeft van vrees , hy word rood van schaamte , hy rilt van koude , enz.

Merkt hier aan , dat dit *van* door de oorzaak geregeerd word.

Il se plaint de trop d'aise , il saute de joye , il tremble de peur , il rougit de honte , il transit (frissonne) de froid.

Remarquez icy , que ce van *est regy par la cause.*

Uit.

Hy klaagt uit nood , hy vlucht uit vrees , hy doet het uit genegentheid , hy neemt zyn vryster uit liefde , en meer andere diergelyke manieren van spreeken welken de Franschen met het woordtje par *uitdrukken.*

Il se plaint de nécessité , il s'enfuit de peur , il le fait par affection , il prend sa maîtresse par amour , *& plusieurs autres semblables maniéres de parler , que les François expriment par la préposition* par.

By , op , in.

De naamen van Tyd , die niet geduurig is , worden met de præpositiones *by , op , in ,* uitgedrukt ; als *by komt by nacht , by daag ,* enz. *des daags , des nachts , des morgens , des avondts.* 't *Geschiedde op een maandag , dingsdag , nieuwejaarsdag ,* enz. *in het zesde jaar , in de zesde maand , in de zesde week ,* enz.

Les noms du Temps qui n'est pas continuel , sont exprimez par ces trois prépositions ; comme , il vient de nuit , de jour , *&c.* de jour , de nuit au matin , au soir. Cela arriva un lundy , un mardy , le jour de l'an , *&c.* en la même année , au même mois , en la même semaine , *&c.*

Samenvoeging van de Woorden met de Voorzetsels omtrent Plaatselyke zaaken.

Liaison des Verbes avec les prépositions concernant les lieux & les places.

*D*E beweeging na een plaats word te kennen gegeeven door het woordtje *na* , 't zy dan dat men spreeke van een Land, Koningryk, Stad, of Dorp ; als by voorbeeld , *ik gaa na Engeland, na Vrankryk, na Italien , na Amsterdam , na Leiden , na Wormer ,* enz.

De zelve manier van spreeken word ook gebruikt omtrent alle andere plaatsen ; als *ik gaa na huis , na den Tempel , na de Kerk , na boven , na beneden , na de wagen , na de schuit ,* enz.

't Woordetje *na* heeft ook plaats omtrent de persoonen , die van ons zyn ; als *hy ging na zyn meesters* (verstaat huis) *ik gaa na den schipper , na den voerman ,* enz.

Een plaats om hoog word door het woordtje *op* te verstaan gegeeven , hoewel men noch niet op de plaats en zy ; als *hy klom op het dak , hy ging op den berg , hy gaat op den stoel,* enz.

Dit woordetje *op* word ook gebruikt wanneer men spreekt van den koophandel, dien ie-

* *Ad locum.*

*L*E mouvement vers un lieu est exprimé par la préposition *na* , soit que l'on parle d'un Païs , d'un Royaume , d'une Ville , ou d'un Village ; comme par exemple , je vais en Angleterre , en France , en Italie , à Leide , à Wormer , &c.

On se sert de la même maniére de parler touchant tous les autres lieux ; comme , je vais au logis, au Temple , à l'Eglise , en haut , en bas , au chariot , au bateau , &c.

La préposition *na* , a aussi sa place , touchant les personnes qui nous appartiennent : comme , il alloit chez son maître je m'en vais chez le maître de Navire , chez le voiturier , &c.

Un lieu élevé , se donne à connoître par la préposition *op* , quoy qu'on ne soit pas encore sur le lieu ; comme , il monta sur le toit, il alla sur la montagne , il va sur la chaise , &c.

On se sert aussi de cette préposition *op* , quand on parle du Trafic que quelqu'un fait en un

I 4

mand in een andere Plaats, Land of Stad dryft; als *hy handelt op Vrankryk, op Spanjen, op Italien, op Hamburg, op Venetien,* enz.

autre lieu, *Pais ou Ville;* comme, il trafique en France, en Efpagne, en Italie, à Hambourg, à Venize, &c.

* Voor de naamen der plaatfen, daar de zaak gefchied, moet men altyd, indien het Steden of Dorpen zyn, de woordetjes *te* of *tot* ftellen, doch *te* is gebruikelyker; als *hy woont te Kampen, te Deventer, te Swol, hy ftudeert te Leiden; hy vernachtte te Haarlem* enz.

Devant les Noms des Lieux où l'action fe fait, on doit toûjours, fi ce font des Villes ou des Villages, fe fervir des prépofitions te *ou* tot, *quoy que ce foit plus en ufage; comme, il demeure à Kampen, à Deventer, à Zwol, il étudie à Leide, il paffa la nuit à Haarlem, &c.*

Bywylen gebruikt men ook wel het woordtje *binnen*; als *ik heb binnen Amfterdam veelderhande flag van volk gezien; ik heb binnen Kampen in twee herbergen geweeft,* enz.

On fe fert bien auffi quelquefois de la prépofition *binnen*; comme j'ay veu dans Amfterdam beaucoup de fortes de gens: j'ay été dans deux Hôtelleries à Kampen, &c.

Maar de naamen van Landen en Koningryken vereifchen het woordtje *in*; als *ik heb in myn jeugd in Vrankryk, in Spanjen, in Italien geweeft; in Engeland worden de lieden om geringe misdaaden ter dood gebracht,* enz.

Mais les noms de Pais & de Royaumes, demandent le prépofition in: *comme, j'ay été dans ma jeuneffe en France, en Efpagne, en Italie: on fait mourir les Gens en Angleterre pour les moindres crimes, &c.*

De naamen van Eilanden moeten *op* hebben; als *hy houd zyn verblyf op Rhodus, op Malta, op Java,* enz.

Les noms d'Ifles requièrent le prépofition op: *il habite à Rhodes, à Malte, à Java, &c.*

† De beweeging uit een plaats word te kennen gegeeven door de woordetjes *van* en *uit*.

Le mouvement d'un lieu, s'exprime par les prépofitions van *&* uit.

Men gebruikt *uit*, zo het uit een Koningryk, Landfchap, of Eiland is; als *ik kwam*

On fe fert de la derniere, fi c'eft un Royaume, un Pais, ou une Ifle: comme, je venois de

---

* *In loco.*   † *De loco.*

uit Vrankryk, uit Engeland, uit Poolen : gy waart uit Italien, uit Rhodus, uit Malta gekomen, enz.

France, d'Angleterre, de Pologne : vous étiez venu d'Italie, de Rhodes, de Malte, &c.

Maar wanneer het een Stad, Dorp, enz. is, zegt men van: als ik kwam van Romen, van Straatsburg, van Antwerpen, van Kampen: wy komen van Jerusalem, van den berg Horeb, enz.

Mais quand c'est une Ville, un Village,&c. on se sert de van: comme, je venois de Rome, de Strasbourg, d'Anvers, de Kampen : nous venons de Jerusalem, du Mont Horeb, &c.

Alle andere plaatselyke zaaken vereischen de voorstelling uit : als ik kom uit de stad, uit de kelder, uit de kamer, uit de herberg, uit de kroeg, enz.

Toutes les autres choses de place ou de lieu, veulent la préposition uit : comme, je viens de la ville, de la cave, de la chambre, de l'auberge, du cabaret, &c.

Als men de woorden vluchten, vlieden, jaagen, dryven, bannen, omtrent naamen van Steden of Dorpen gebruikt, bedient men zich ook van het woordtje uit : als hy is uit Amsterdam, uit Haarlem, gevlucht, gejaagd, gedreeven : hy is uit Uitrecht gebannen, enz.

Quand on se sert des verbes s'enfuir, éviter, chasser ; pousser, bannir, touchant les noms de Villes & de Villages, on se sert aussi de la préposition uit:comme,il s'est enfui d'Amsterdam, de Haarlem, il en est chassé : il est banny d'Utrecht, &c.

* Door een plaats word te verstaan gegeeven met het woordtje door : als ik kom door de stad gaan, ik ben door Vrankryk getrokken, hy gaat door de rivier, door het huis, door den tuin, enz.

Par une place, s'exprime par la préposition door : comme, je viens d'aller par là ville, j'ay passé par la France, il va par la maison, par le jardin, &c.

By deze gelegentheid word ook het woordtje over gebruikt, te weeten in dusdanige manieren van spreeken : ik gaa over Haarlem na Leiden, dat 's te zeggen door Haarlem : ik gaa over Duitschland na Ita-

On se sert aussi en cette rencontre, de la particule over, sçavoir dans ces maniéres de parler: je m'en vais par Haarlem à Leide, je m'en vais par l'Allemagne en Italie : je m'en vais par le Brabant en Fran-

* Per locum.

lien : *ik gaa over Braband na Vrankryk, ik kwam over Antwerpen te Brussel, enz.*

ce , j'allay par Anvers à Bruxelles , &c.

Samenvoeging van de Woorden met de Voorzetsels omtrent Tydelyke zaaken.

Liaison des Verbes avec les prépositions en matiére de Temps.

DE bepaalde tyd , wanneer een zaak geschied is , geschied , of geschieden zal , vereischt het woordtje *ten* of *te* voor zich , en altyd *ten* als 'er een klinker volgt : als , *ik heb ten een uur tot myn broeders geweest ; 't Schouburg neemt zyn aanvang te vier uuren , en eindigt gemeenlyk ten acht uuren ; ik zal te zes uuren by u komen,* enz.

In gelegentheid van tyd zyn de volgende manieren van spreeken zéer gebruikelyk : *'s morgens* of *des morgens , 's middags , 's achtermiddags, 's avonds , 's winters , 's somers.* Aanmerkt , dat deze *'s* overal *per aphæresin* voor *des* gesteld word.

De tyd word ook bywylen door de woordetjes *binnen , in , en over* uitgedrukt ; als *'t zal binnen een jaar , binnen een maand, binnen veertien dagen geschieden; hy was in een week , in een dag , in een uur gezond en dood ; hy is over een jaar in Engeland ge-*

LE *temps finy* , quand une chose est faite , se fait , ou se faira ; requiert la préposition *ten* ou *te* , devant soy , & toûjours *ten* quand il y a une voyelle qui suit ; comme , j'ay été à une heure chez mon frere , la Comedie commence à quatre heures , & finit à huit : j'iray chez vous à six heures.

En matiére de temps , on se sert des maniéres de parler suivantes : le matin , ou au matin , à midy , l'aprés-midy , le soir , l'hyver , l'été. Remarquez que cette *'s* est mise partout pour *des par la Figure* qu'on nomme *Apherese.*

Le *temps est quelquefois exprimé par les prépositions* binnen , in , *&* over : comme , cela se faira dans un an , dans un mois , dans un jour : il fut sain & mort dans une semaine , dans un jour , dans une heure : il a été en Angle-

weeft , hy zal over twee dagen wederkomen , enz.

Maar de geduurzaamheid des tydts word in *accusativo* gefteld , zonder *præpofitio* ; als hy heeft den gantfchen dag gearbeid , hy heeft den geheelen nacht geflaapen , enz.

Somtydts word 'er het woordtje *lang* bygevoegd ; als ik heb 'er drie dagen lang over gewerkt , ik heb 'er drie uuren lang myn gedachten over laaten gaan , enz.

Van de onbepaalde Wys.

ALs 'er twee *Verba* by malkander ftaan , moet het twede in *infinitivo* gefteld worden , gelyk in 't Franfch : als *ik moet fpreeken , ik wil gaan , ik kan niet twiften , ik durf niet fpotten , ik zal de waarheid zeggen* , enz.

By fommige *Verba* word *te* tufchen beiden gevoegd : als *ik begin te leeren , ik tracht te fpreeken , ik neem voor goed te doen* , enz. doch dezen zyn niet zeer veel in getal ; en de Franfchen konnen ze hier uit leeren , dat zy alfdan gemeenlyk by den *infinitivus* in hun taal *de* of *à* hebben. 'k Zeg gemeenlyk : want daar zyn verfcheidene fpreekwyzen in 't Nederduitfch daar deze regel niet vaft in gaat : als by voorbeeld ,

terre il y a un an , il retournera dans deux jours , &c.

Mais la durée du temps fe met à l'Accufatif, fans prépofition : comme , il a travaillé toute la journée : il a dormy toute la nuit , &c.

Quelquefois la Prépofition lang *y eft jointe : comme ,* j'y ay travaillé trois jours durant : j'y ay fait réflexion trois heures durant.

De l'Infinitif.

QUand deux verbes fe rencontrent , le deuxiéme fe doit mettre à l'Infinitif , comme en François : comme , il me faut parler , je veux m'en aller , je ne puis pas contefter , je n'ofe pas railler , je diray la verité , &c.

Il y a quelques verbes où l'on joint te , *entre deux : comme ,* je commence à apprendre , je tâche de parler , j'entreprens de faire , &c. *mais le nombre n'en eft pas bien grand : & les François les peuvent apprendre d'icy , à caufe qu'ils ont d'ordinaire alors en leur Langue de* ou à *auprés de l'infinitif. Je dis communement , car il y a plufieurs expreffions en Flamand , où cette regle ne s'obferve point : comme par exemple ,* je penfois com-

*ik meende vroeger te beginnen,
ik behoorde wel te leeren., ik
diende wel eens na huis te gaan,*
enz.

By dit woord *leeren* kan
ook noch een twede *infinitivus*
gevoegd worden; als *ik moet
leeren leezen, ik wil leeren dan-
sen, ik begin te leeren schermen,*
enz.

Als een *infinitivus* na het *præteritum perfectum* of *plusquam
perfectum* volgt, verandert het
præteritum in een *infinitivus*;
als by voorbeeld, *ik heb hem
leeren kennen, ik heb hem zien
kaatsen,* enz. en niet *ik heb hem
geleerd kennen, ik heb hem gezien kaatsen.*

De *Verba* die *te* tot zich neemen, behouden somtydts het
præteritum, of veranderen het
in den *infinitivus*; als *ik heb
hem getracht te helpen,* en *ik
heb hem trachten te helpen; ik
heb gemeend te komen,* en *ik
heb meenen te komen; ik heb hem
begonnen te leeren,* en *ik heb hem
beginnen te leeren,* enz. doch
hier omtrent dient zeer wel
op de goede klank en zoetvloeijendheid gelet te worden.

mencer plûtôt, je devois bien
apprendre, je faisois une fois
état d'aller au logis.

A ce verbe apprendre, *se
peut encore jaindre un second infinitif;* il me faut apprendre à
lire, je veux apprendre à
dancer, je commence à ap-
prendre à faire des armes,
&c.

*Quand un infinitif suit aprés
le prêterit Parfait, ou Plusque
parfait qui se trouve aprés un
indicatif, le prêterit se change
en un infinitif; comme par exemple,* je l'ay appris à connoître, je l'ay vû jouër à
la paume, *& non pas,* ik
heb hem geleerd kennen, ik
heb hem gezien kaatzen.

Les verbes qui prennent te
*aprés eux, gardent quelquefois
le prêterit, ou le changent dans
l'infinitif; comme* j'ay tâché
de l'aider, j'ay pensé venir,
j'ay commencé à lui apprendre, *&c. Mais sur ce sujet,
il sert beaucoup de prendre ex-
trémement garde au bon son &
à la douce prononciation.*

Van de Gerundia en Supina.

DE Nederduitſchen hebben geen *Gerundia*, doch dienen zich in der zelver plaats van den *infinitivus* met *van te* of *om te*; als *hy heeft den roem van wel te ſchryven*, *hy ſchynt hier maar te komen om kwaad te doen*, enz.

Dit moet verſtaan worden van de Latynſche *Gerundia* in *di* en *dum*; want het *Gerundium* in *o* word uitgedrukt door het *participium præſens* met 'er het woordtje *al* voor aan by te voegen: *al ſpreekende*, *al hoorende*, *al doende*, enz.

Men moet omtrent de *Gerundia* ook noch dit waarneemen, dat in de ſamengeſtelde Woorden, welke in het *præſens* en *imperſectum* de voorſtelling verplaatſen en achter zich neemen, tuſſchen de voorſtelling en het Woord *te* gezet word; als by voorbeeld, *ik gaa heen om hem aan te ſpreeken*, en niet *om hem te aanſpreeken*; *zy zyn heen getoogen om die zaaken uit te rechten*, enz.

Maar d'anderen, die hun voorſtellingen in het *præſens* en *imperſectum* niet verplaatſen, behoudenze ook in de *Gerundia* aan zich vaſt; als *ik ben gekomen om hem te achtervolgen*,

Des Gerondifs & des Supins.

LEs Flamans n'ont point de *Gerondifs*, mais ils y ſubſtituent l'*Infinitif* avec *van te* ou *om te*; comme, il a la reputation de bien écrire, il ſemble qu'il vient icy ſeulement pour faire du mal, &c.

Il faut entendre cecy des *Gerondifs Latins* en *di* & en *dum*; car le *Gerondif* en *o* s'exprime par le participe Preſent, en y ajoûtant la particule *al*: en parlant, en écoutant, en faiſant &c.

On doit encore obſerver cecy touchant les *Gerondifs*; que dans les verbes compoſez, qui changent la prépoſition au Preſent & à l'Imparfait, & qui la reçoivent à la fin, il faut mettre *te* entre la prépoſition & le Verbe; comme par exemple, je m'en vay-là pour leur parler; ils ſont allez-là pour faire ces affaires, &c.

Mais les autres verbes qui ne changent point leur prépoſition au Preſent & à l'imparfait, la conſervent auſſi au Gerondif ſans aucun changement; comme je ſuis venu pour le talonner,

en niet *om hem achter te volgen*, enz.

Wat de *Supina* belangt, die worden van gelyken uitgeduid door den *infinitivus*, te weeten dat in *tum* zonder byvoeging, en dat in *tu* met de byvoeging van *te* of *om te*; als *laat ons gaan slaapen, laat ons gaan drinken*, enz. *het is lichter te zeggen als te doen, dat boek is waardig om geleezen te worden, 't is een persoon waardig om bemind te worden*, enz.

& non pas, om hem achter te volgen, &c.

Pour ce qui est des Supins, ils sont exprimez de même par l'Infinitif, sçavoir celui en tum sans addition, & celui en tu avec l'addition de te ou d'om te: comme, allons nous coucher, allons boire, &c. il est plus aisé de dire que de faire, ce livre est digne d'être leu, c'est une personne digne d'être aimée, &c.

Van de Deelwoorden.

Des Participes.

DE *Participia*, of Deelwoorden, regeeren de *casus* van hun *Verba*; als *ziende den vroomen man in dezen bedroefden staat, kreeg ik deernis met hem; overdenkende myn swaare zonden, riep ik tot den Heere*, enz.

Wat de andere dingen noopende de *Participia* betreft, die zyn hier voor op pag. 93. 94. en 95. gezegt, en konnen aldaar nagezien worden.

LEs Participes *regissent le Cas de leur Verbal; comme, voyant l'homme de bien dans ce triste état, j'avois pitié de luy; découvrant mes pechez énormes, j'invoquay le Seigneur, &c.*

Le reste de ce qui concerne les Participes, est dit ci-devant aux pag. 93. 94. & 95. & nous nous y rapportons.

Van de Onpersoonlyke Woorden.

Des Verbes impersonnels.

DE *Verba Pathetica* en *Desiderativa*, welke *Verba Impersonalia*, of Onpersoonlyke Woorden zyn, worden met een *accusativus* en met het *te* sa-

LEs *Verbes Pathetiques & de desir, qui sont des verbes impersonnels, se construisent avec un accusatif & avec* het; *comme, je me re-*

mengefchikt ; als *het berouwt my* , *het verdriet my* , *het vermaakt my* , enz.

In gelegentheid van vraagen volgen deze Woorden den gemeenen regel ; als *berouwt het my? verdriet het my? vermaakt het my?*

Het hebben ook voor zich eenige Woorden die als Onperfoonlyken genomen worden, en daar God onder verftaan word als den auteur van de doening ; gelyk *het regent, het fneeuwt , het hagelt , het blikfemt, het dondert, het weerlicht , het vrieft , het rypt* , enz.

Onder d'Onperfoonlyken worden ook gefteld de Woorden daar *men* voor komt , hoewel ze anders perfoonlyke Woorden zyn ; als *men eet, men drinkt , men flaapt , men waakt*, enz. ter oorzaak dat 'er geen zekere perfoon betekend of uitgedrukt word.

pens , je m'ennuye , il me plaît , *&c.*

En matiére d'interrogations , ces verbes fuivent la regle ordinaire; comme, me repens-je? m'ennuyé-je? me plais-je?

Het *fe met auffi devant quelques verbes qui font nommez comme imperfonnels , & où Dieu eft fous entendu comme l'auteur de l'Action ; comme , il pleut , il neige , il grêle , il luit , il tonne , il éclaire , il géle , il bruine, &c.*

L'on met auffi entre les verbes Imperfonnels , ceux où men précede , quoy qu'ils foient autrement perfonnels ; comme , on mange , on boit , on dort , on veille , à caufe qu'il n'y a point de perfonne certaine qui foit là defignée ou exprimée.

Van de Bywoorden.

d' A Dverbia, of Bywoorden , worden by de *Verba* en *Participia* gefteld om d'omftandigheden van doeningen en lydingen te kennen te geeven ; als *gaat ras heen , komt morgen wederom , flaapt geruft en droomt geneugelyk,* enz.

d' *Adverbia* worden ook by d' *Adjectiva* gefteld, en bete-

Des Adverbes.

L Es Adverbes *font mis prés des verbes & des Participes , pour donner à connoître les circonftances des Actions & des Paffions ; comme , allez vous-en promptement, revenez demain, dormez, paifiblement, & fongez agreablement, &c.*

Ils font auffi mis prez des Adjectifs , & marquent for-

kenen kracht , vermeerdering
of vermindering ; als *zeer toor-
nig , zeer haaftig , uitmuntend
fchoon , weinig bekwaam* , enz.
*'t is een zeer haaftig man , 't is
een uitmuntend fchoone vrouw* ,
enz.

Daar zyn eenige *Adverbia*
die een *genitivus* by zich neemen , als *veel , weinig , genoeg* , enz. gelyk *ik zal u veel
goedts zeggen , hy heeft weinig
moedts , hy had geldts genoeg* ,
enz. doch deze *genitivus* word
niet altyd gebruikt ; want men
zegt ook : *hy heeft weinig moed,
hy had geld genoeg.*

Iets en *niets* hebben altyd
een *genitivus* by zich : *geeft my
iets goedts , gy geeft my niets
goedts.*

ce , augmentation ou diminu-
tion ; comme , fort en colere ,
fort preffé , extrémement
beau , peu commode , &c.
c'eft un homme fort preffé ,
c'eft une tres-belle femme ,
ou c'eft une femme extraor-
dinairement belle , &c.

Il y a quelques Adverbes *qui
fe mettent avec un Genitif ;
comme* beaucoup , peu , affez ;
comme , je vous diray beaucoup de biens , il a peu de
courage , il avoit affez d'argent , *&c. mais on ne fe fert
pas toûjours de ce Genitif, car on
dit auffi* , hy heeft weinig
moed , hy had geld genoeg.

Iets , & niets , *ont toûjours
un Genitif prez d'eux ; comme,*
donnez-moy quelque chofe
de bon , vous ne me donnez
rien de bon.

Van de Voorzetfels.

Des Prépofitions.

DE *Prepofitiones* , of Voorzetfels , regeeren mee-
ften deel een *accufativus* , en
eenigen een *ablativus* : doch
dewyl d'*accufativus* en d'*ablativus* den zelven uitgang hebben , kan daar niet wel in ge-
dwaald worden , en is het derhalven niet van nooden 'er veel
af te zeggen.

LA *plus-part des Prépofitions regiffent un* Accufatif, *& quelques-unes un* Ablatif; *mais parce que l'*Accufatif *& l'*Ablatif *ont une même
terminaifon , l'on ne fçauroit
s'y tromper ; c'eft pourquoy il
eft inutile de nous y arrêter davantage.*

Van de Koppelwoorden.

VAn de *Conjunctiones*, of Koppelwoorden, valt niet anders te zeggen, dan dat eenigen der zelven een *Optativus* vereisschen; als by voorbeeld, *'t zy dat ik leeve, 't zy dat ik sterve, ik leef en sterf den Heere*; gebruikt de tuchtiging, *op dat het kind niet verlooren en gaa*; *hoewel hy in der daad vroom zy, werd hy 'er echter niet voor aangezien*: en eenige anderen, waar af het gebruik metter tyd wel geleerd zal worden.

Des Conjonctions.

IL n'y a autre chose à dire des *Conjonctions*, si ce n'est qu'il y en a quelques-unes qui requiérent un Optatif; comme par exemple, soit que je vive ou que je meure, je vis & je meurs au Seigneur; servez-vous de discipline, de peur que l'enfant ne se débauche, & ne s'en aille; quoy qu'il soit homme de bien, il n'en est pas néanmoins plus considéré; *& quelques autres dont le temps apprendra l'usage.*

Van de Inwerpselen.

ONder de *Interjectiones*, of Inwerpselen, heeft men 'er een stuk, of twee die een *Dativus* regeeren; als *ach my elendige! wee den geenen die de wille des Heeren weeten, en niet en doen.*

Des Interjections.

PArmy les *Interjections*, il y en a une ou deux qui regissent un Datif; comme ah! malheureux que je suis! malheur à ceux qui sçavent la volonté du Seigneur, & qui ne la font point.

VAN d'ORDE EN SCHIKKING DER WOORDEN.

DE L'ORDRE ET DE LA LIAISON DES MOTS.

HOewel het bykans onmogelyk zy hier over alles te zeggen, 't geen 'er gezegt behoorde te worden om de Vreemdelingen deze zaak ten vollen te doen begrypen, ter

BIen qu'il soit presque impossible de dire sur cecy, tout ce qu'il faudroit, pour le faire parfaitement comprendre aux Etrangers, à cause de quantité d'exceptions qu'on rencontre

oorzaak der menigvuldige uit-
zonderingen die men (vermits deze Taal de cierlyke en
vloeijende uitfpraak zonder-
ling bemint , waar door dan
dikwils tegens de Regelen ge-
zondigd word) byna allerwe-
ge ontmoet ; zullen wy echter op het naauwkeurigft van
eenigen der voornaamfte pun-
ten handelen , laatende het
overige aan het gebruik, bevolen , 't geen de befte leermee-
fter van deze dingen is.

Van de Beveftigende Re-den der Toonende Wys.

IN een Beveftigende Reden
van het *praefens* of het *imperfectum indicativi* word deze volgende orde onderhouden. Men
zet de *Nominativus* , 't zy dat
de zelve een *nomen* of een *pronomen* zy , voor aan ; vervolgens het *verbum* ; daar na de
dativus van de perfoon of van
het *pronomen* ; en eindelyk d'ac-
cufativus die door het *verbum*
geregeerd word ; als by voorbeeld : *De Paus ftelt den Koningen de wet : hy voorzegt zyn
Broeder altyd den uitflag der
zaaken , zonder dat hy echter
geloofd word : Alexander gaf
den overwonnenen dikwils hun
Staaten weder* , enz.

Maar als de *dativus* met de
byvoeging van het woordtje

Du difcours Affirmat de l'Indicatif.

prefque par tout ; attendu q
cette *Langue* aime particuliér
ment le difcours delicat & co
lant , & que par cette raifon e
s'écarte fouvent des régles
néanmoins nous traiterons d
quelques - uns des principau
points le plus exactement qu'
nous fera poffible , laiffant fa
re le refte à l'ufage , qui e
meilleur *Maître* des chofes.

DAns un difcours *Affirm
tif* du Prefent ou de l'I
parfait de l'Indicatif il fa
obferver l'ordre fuivant.
Nominatif , foit que ce f
un nom ou un pronom ,
met le premier ; en fuite
Verbe ; aprés fuit le Datif
la Perfonne ou du Pronom
& enfin l'Accufatif qui eft r
par le Verbe ; comme par exe
ple : Le Pape donne la Loi a
Rois : il prédit toûjours à f
frere l'iffuë des affaires , fa
qu'on ajoûte foy néanmoin
à fes prédictions : Alexand
rendoit fouvent aux vaincu
les conqueftes qu'il avoit f
tes fur eux , &c.

Mais quand le Datif eft e
primé par la particule *aan* ,

aan uirgedrukt word , ſtelt men de zelve meeſtentyd achter d'*Accuſativus* , gelyk: *God betoont zyn barmhertigheid aan de zondaaren* ('t geen men anderſins aldus zou zeggen: *God betoont den zondaaren zyn barmhertigheid*) *d'Ouders geeven dikwils al te vroeg hun goederen aan de kinderen* , enz.

En indien 'er andere *caſus* met *præpoſitiones* bygevoegd worden , ſtelt men die t'eenemaal achter aan , als : *Hy gaf hem het geld in zyn handen : hy lei my de woorden in den mond* , enz.

Wy hebben hier voor iets gezegt wegens de ſtelling van de *nominativus* achter het *verbum* , te weeten als 'er een gedeelte van een reden voor af gaat ; en derhalven is het niet noodig zulks alhier te herhaalen.

le met la pluſpart du temps aprés l'Accuſatif, *comme:* Dieu montre ſa miſericorde aux pécheurs (*ce qui ſe peut dire autrement de cette maniére*) Dieu montre aux Pécheurs ſa miſericorde : les Peres & les Meres ſe dépoüillent ſouvent trop tôt de leurs biens en faveur de leurs Enfans.

Et s'il y a d'autres Cas joints *aux Prépoſitions , on les met tout à fait à la fin , comme:* Il luy donna l'argent entre les mains : il me mit les paroles dans la bouche , *&c.*

Nous avons dit cy-devant quelque choſe , touchant le placement du Nominatif *aprés le verbe , ſçavoir quand il y a une partie du diſcours qui précede. C'eſt pourquoy il n'eſt pas néceſſaire d'en reparler icy.*

Van den Volmaakten , Meer-als-volmaakten , en Toekomenden Tyd der Toonende Wys.

Du Préterit Parfait , du Plus-que Parfait , & du Futur de l'Indicatif.

IN de gemelde Tyden word inſgelyks de *nominativus* eerſt geſteld ; ten tweden het *verbum auxiliare* , of Helpwoord ; ten darden de *dativus* , 't *adverbium* , of de *caſus* van het *verbum* , of wel een *caſus* met zyn *præpoſitio* ; en eindelyk het

D*Ans ces temps* , le Nominatif *ſe met auſſi le premier; en ſecond lieu ,* le verbe auxiliaire ; *en troiſiéme lieu ,* le datif, l'adverbe , *ou le cas du verbe , ou un cas accompagné de ſa Prépoſition; & en quatriéme & dernier lieu ,* le Par-

participium of *d'infinitivus* van het geconjugeerde *verbum*; als by voorbeeld: *ik heb u alle myn goederen overgegeeven: ik heb u zulks al over lang door onzen vriend doen bekend maaken: ik zal u door myn broeder een vriendschap laaten doen* enz.

Men moet hier aanmerken, dat de *casus* met de *præpositio* ook wel achter het *participium* of *d'infinitivus* van het geconjugeerde *verbum* gesteld kan worden, gelyk het dikwils geschied, als: *ik heb u zulks al over lang doen bekend maaken door onzen vriend: ik zal u een vriendschap laaten doen door myn broeder,* enz.

Van de Gebiedende Wys.

Hier over valt niet veel byzonders te zeggen; want de zelve orde, welke wy wegens het *præsens indicativi* voorgeschreeven hebben, moet ook in *d'imperativus* onderhouden worden: en men heeft maar aan te merken, dat het *pronomen personale* byna nooit in de tweede persoon, zo in het Eenvoud als het Meervoud, uitgedrukt word. 'k Zeg byna nooit, want daar zyn sommige gelegentheden in de welken deze Regel geen plaats en heeft; als by voorbeeld: *Laat uw broeder nu wat rusten, en*

ticipe *ou* l'Infinitif *du verbe conjugué; comme par exemple* je vous ay donné tous mes biens: je vous l'ay fait sçavoir il y a long-tems par nôtre Amy; je vous fairay faire un plaisir par mon frere, &c.

On doit observer icy, qu'on peut aussi mettre le cas avec la préposition *aprés le Participe ou aprés* l'Infinitif *du verbe conjugué, ainsi qu'il arrive souvent, comme:* je vous l'ay fait sçavoir il y a long-temps par nôtre amy: je vous fairay faire un plaisir par mon frere, &c.

De l'Imperatif.

IL n'y a presque rien de particulier à dire sur cecy, car il y faut garder le même ordre que nous avons prescrit touchant le Present de l'indicatif; & il n'y a seulement qu'à observer que le Pronom personnel ne s'exprime presque jamais à la seconde personne, soit au singulier, soit au pluriel. Je dis presque jamais, car il y a quelques endroits où cette régle n'a point de lieu; comme par exemple: Que vôtre frere repose un peu; & vous, faites cela: que l'ennemy fasse tant de rodomontades qu'il vou-

doet gy dat: *laat de vyanden wat knorzen, maar toont gylieden stilzwygens dat gy mannen zyt, enz.* Gy ziet hier, dat deze byvoeging van het *pronomen* een grooter nadruk geeft.

Van d' Aanvoegende Wys.

WAt den *Optativus* of Aanvoegende Wys belangt, men moet daar de zelve orde in waarneemen als in den *Indicativus*, met dit onderscheid dat het *verbum simplex* in het *præsens* en het *imperfectum* aan het eind gesteld word, als: *bezorgt doch, dat men my myn nooddruft geeve: laat niet toe, dat men d'onnozelen verdrukke,* enz.

En noopende de Tyden die met het Hulpwoord te samen gesteld worden, in dezen word het Hulpwoord somtydts voor en somtydts achter het *verbum* gevoegd, na dat de zoetvloeijendheid zulks vereischt, gelyk by voorbeeld: *genomen dat ik myn goederen doorgebracht hadde, of hadde doorgebracht: gesteld zynde dat de getalen drie en vier maar zes zouden uitmaaken, of uitmaaken zouden,* enz.

dra ; *faites voir seulement que vous étes des hommes, &c. Vous voyez icy, que cette addition du pronom donne une plus grande energie au discours.*

Du Subjonctif.

POur ce qui regarde l'Optatif ou le *Subjonctif*, il faut y observer le même ordre, que dans l'*Indicatif*, avec cette difference que le verbe simple est mis à la fin tant au Present qu'à l'Imparfait, comme : ayez soin qu'on me donne mes necessitez : ne permettez point qu'on opprime les innocens, &c.

Et touchant les temps composez du verbe auxiliaire, le verbe auxiliaire y est mis tantôt devant, tantôt derrière le verbe, selon que la cadence de la Periode le requiert, comme par exemple: supposé que j'aye dissipé tous mes biens : supposé que le nombre de trois & de quatre fit seulement six, &c.

Van d'Ontkennende Re-
den.

EEn Ontkennende Reden vereiſcht de zelve orde als een beveſtigende of *poſitive.* De gantſche ſwaarigheid beſtaat alleenlyk in de ſtelling van het ontkennende woordtje, waar af wy hier eenige zekere Regelen zullen geeven.

In het *præſens* en het *imperfectum* word het ontkennende woord je altyd aan het eind geſteld, als: *ik hoor hem niet; ik zie hem niet: ik kende hem niet; ik gebruikte dat niet,* enz. doch als 'er een *nomen* of *adverbium* navolgt, ſtelt men het zelve achter het ontkennende woordtje, gelyk: *ik ſpreek niet een enkeld woord: ik zag niet een menſch: ik kende hem niet wel: ik gebruikte dat niet genoeg,* enz.

Indien na het *præſens* of het *imperfectum* een *verbum* in *infinitivo* komt te volgen, zonder of met het woordtje *te,* alſdan word het ontkennende woordtje onmiddelyk voor dezen *infinitivus* geſteld, als: *Een vroom menſch wil zyn God niet vertoornen: een eerlyk man zoekt zyn naaſten niet te bedriegen,* enz.

Du Diſcours Negatif

UN Diſcours Negatif requiert le même ordre qu'un diſcours Affirmatif ou Poſitif. Toute la difficulté roule ſeulement à placer la particule Negative dont nous donnerons icy quelques Régles certaines.

Dans le Preſent & dans l'Imparfait, la particule Negative ſe met toûjours à la fin comme: je ne l'entens pas: je ne le vois pas: je ne le connoiſſois pas: je ne m'en ſervois point, &c. Mais quand il y a un Nom ou un adverbe qui ſuit, on le met aprés cette particule negative, comme: je ne dis pas ſeulement un mot: je ne voyois pas un homme: je ne le connoiſſois pas bien: je ne m'en ſervois pas aſſez. &c.

Si le Preſent ou l'Imparfait eſt ſuivy d'un Infinitif ſans ou avec la particule à ou de, alors la particule Negative précede immediatement l'Infinitif, comme: un homme de bien ne veut pas irriter ſon Dieu: un honnête homme tâche à ne point tromper ſon prochain, &c.

Doch zo 'er een *præpositio* met een *casus* in de gedachte, gelyk ook in d'andere volgende Tyden is, word het woordtje *niet* somwylen voor de *præpositio* gesteld, en niet onmiddelyk voor den *infinitivus*, als by voorbeeld: *Een vroom mensch wil zyn God niet met zonden vertoornen: een eerlyk man zoekt zyn naasten niet met kwaade middelen te bedriegen: een deugdsaam kind zal niet met werken of woorden zyn Ouders vertoornen,* enz.

Mais s'il y a une Préposition avec un Cas dans les temps susdits, de même que dans les autres suivans; alors la Particule Negative se met quelquefois devant la Proposition, & non pas immediatement devant l'Infinitif, comme par exemple: un homme de bien ne veut point irriter Dieu en péchant: un honneste homme tâche à ne point tromper par de méchans moyens son prochain: un enfant vertueux n'irritera point ses Parens ni par ses paroles ni par ses actions, *&c.*

In het *perfectum, plusquam perfectum,* en *futurum,* word het woordtje *niet* onmiddelyk voor het *participium* of den *infinitivus* van het geconjugeerde *verbum* gesteld, als: *ik heb hem niet gevonden; ik heb hem niet willen hooren: ik had hem in langen tyd niet gesproken: ik zal hem mogelyk niet zien,* enz.

Dans le Parfait, dans le Plus-que Parfait, & dans le Futur, on place la Particule Negative immediatement devant le Participe ou devant l'Infinitif du verbe composé, comme: je ne l'ay pas trouvé: je ne l'ay pas voulu ouïr: je ne luy avois point parlé il y a long-temps: je ne le verray peut-être pas, *&c.*

Maar zo 'er eenige omstandigheid bygevoegd word, stelt men het outkennend woordtje voor deze omstandigheid, en niet onmiddelyk voor het *participium* of den *infinitivus,* als by voorbeeld: *ik heb hem niet t'huis gevonden; ik heb hem niet ten vollen willen hooren: ik had hem in langen tyd niet vrolyker gesproken:*

Mais s'il y a quelque circonstance jointe; la particule négative la précede, & ne se met point immediatement devant le Participe ou devant l'Infinitif, comme par exemple: je ne l'ay point trouvé à la maison: je ne l'ay point voulu du tout entendre: je ne luy avois point parlé avec plus de plaisir il y a long-temps: je ne le

ik zal hem mogelyk niet nuchteren zien, enz. in welke gelegentheden het gebruik, en het leezen van goede Schryvers, meer zal doen als wy met Regelen konnen aanwyzen.

Op de zelve wys heeft het zich ook met het *imperfectum Optativi* 't geen te famengevoegd word met *zou* of *zoude*, als : *ik zou* of *zoude die woorden niet fpreeken, indien ik van de zaak niet verzekerd en was: hy zou zich aan zulk een lafhertigen guil niet willen vergrypen,* enz.

En belangende d'andere Tyden van deze Wys ; men gebruikt 'er het woordtje *niet* op de zelve manier als in den *indicativus*.

Eindelyk moet men hier ook aanmerken, dat, als het woordtje *niet* in een reden te famengevoegd word met een dezer *adverbia, veel, te veel, weinig, te weinig, genoeg, wel,* of met andere *adverbia* van hoeveelheid of hoedanigheid, het zelve onmiddelyk voor die *adverbia* gefteld moet worden, als : *ik heb niet veel goed ; hy heeft niet te veel : 't koft hem niet weinig verdriet ; ik heb niet te weinig ongelukken in myn leeven ; hy heeft zich niet genoeg verdedigd : 't is gantfch niet wel gedaan,* enz.

verray peut-être qu'yvre, &c. dans lefquelles façons de parler, l'ufage & la lecture des bons Ecrivains, en apprendre plus que nous ne fçaurions faire par des régles.

Il n'en va pas aussi autrement dans l'Imparfait de l'Optatif qui eft compofé de zou on de zoude, comme : je ne voudrois pas tenir de femblables difcours, fi je n'étois affuré de l'affaire ; il ne voudroit pas fe commettre avec un homme fi lâche, &c.

Et pour ce qui regarde les autres temps de ce Mœud, on s'y fert de la Particule négative ainfi que dans l'Indicatif.

Enfin, il faut auffi remarquer icy, que quand la Particule négative eft jointe avec ces Adverbes, beaucoup, trop, peu, trop peu, affez, bien, ou avec d'autres Adverbes de quantité ou de qualité, elle fe met immediatement devant ces Adverbes, comme : je n'ay pas beaucoup de biens; je n'ay pas trop : il ne luy coûte pas peu d'ennuy : ma vie eft traverfée de beaucoup de malheurs : il ne s'eft pas affez defendu : ce n'eft point du tout bien fait, &c.

Doch men zegt, tegens de-zen Regel, *gy hebt zo weinig niet als hy, gy hebt zo veel niet als hy*, enz. daar het woord-tje *niet* achter aan gesteld word:

Even als wanneer men het in een reden te samenvoegt met het woordtje *noch*, ge-lyk: *ik heb dat noch niet gedaan: hebt gy daar noch niet geweest?* enz.

Van de Vraaging.

WAnneer men iets wil vraagen, heeft het *verbum* d'eerste plaats, en de *nominativus* de twede; in tegen-deel van 't geen wy hier voor wegens de Bevestigende Re-den gezegt hebben, als: *doet men niet geweldig kwalyk met zich dronken te drinken? slaapt hy niet al te lang, die drie of vier uuren na de Zon opstaat?* enz.

Men moet van dezen Regel uitzonderen de *pronomina wie en welk*, of in des zelfs plaats *wat*, als: *Wie is zo stout dat hy zich tegens den Ko-ning durst opwerpen? welk mensch is ooit zo dwaas geweest? wat man heeft de eerste de hand daar aan durven slaan?* enz.

Gelyk ook wanneer de zel-ve *pronomina* in *genitivo* gesteld worden, als: *wiens goederen*

Mais on dit contre la Regle, vous n'avez pas si peu que luy; vous n'avez pas autant que luy, *&c. où la particule négative est mise à la fin.*

Même quand on la joint dans un discours avec la particule noch, encore, comme: je ne l'ay pas encore fait: n'y avez-vous pas encore été? *&c.*

De l'Interrogation.

QUand on veut demander quelque chose, le verbe tient la premiére place, *& le Nominatif la seconde; au con-traire de ce que nous avons dit cy-devant du discours affirma-tif, comme:* ne fait-on pas ex-trémement mal de s'enyvrer? ne dort-il pas trop, celuy qui ne se leve qu'à trois ou quatre heures aprés le soleil levé? *&c.*

Il faut excepter de cette Ré-gle les pronoms qui *&* quel, *comme:* Qui est si hardy que d'oser s'élever contre le Roy? quel homme a jamais été si fol? quel homme a osé met-tre la main le premier là-des-sus? *&c.*

Comme aussi quand les mêmes pronoms sont mis au genitif, comme: A qui sont ces biens-

zyn dat ? wiens *klederen hangen daar* ? enz.

là ? A qui font ces habits qui pendent là ? *&c.*

Doch in *dativo* volgen ze den Regel, als: *wien behooren die goederen toe* ? *wien komt dat land toe* ? enz.

Mais au Datif ces Pronoms fuivent la Régle, comme ; A qui appartiennent ces biens-là ? A qui appartient cette terre-là ? &c.

Dit zy genoeg van d'orde en fchikking der woorden: 't overige kan veel beter door het gebruik geleerd, als door Regelen aangeweezen worden, welker veelheid ten anderen de geeften belemmert, en de geheugenis al te zeer befwaart.

En voilà affez pour l'ordre & l'arrangement des mots. Le refte fe peut beaucoup mieux apprendre par l'ufage, que par les Régles, dont la quantité ne fait d'ailleurs que gêner les efprits ; & furcharger la memoire.

Van de Koppeling der Woorden.

Des Mots accouplez, ou compofez.

IN de Nederduitfche Taal worden dikwils twee en meer *fubftantiva* te famengevoegd, en tot een woord gemaakt, daar de menigvuldige eenlettergreepige grondnaamen, waar uit deze Taal meer als eenige ter wereld beftaat, geen kleine lichtheid toe bybrengen, als by voorbeeld, om maar alleenlyk te fpreeken van 't geen tot een Maaltyd behoort : *Tafellaken, tafelberd, tafelring, zoutvat, broodmes, broodkorf, bierkan, wynkan, drinkbeker, wynglas, moftertpot, peperbus, boterfchotel, fruitfchaal, azynfles,* enz.

DAns la Langue Flamande, il fe rencontre fouvent deux ou trois fubftantifs joints enfemble, & qui ne font qu'un mot ; à quoy quantité de mots primitifs monofyllabes, dont cette Langue eft compofée plus que les autres, n'apportent pas peu de facilité, comme par exemple, pour ne parler que de ce qui appartient au repas : Nape, afliéte, colier, faliére, couteau ; corbeille, pot de biére, pot de vin, gobelet, verre, moutardier, boîte au poivre, plat à beurre, baffin à fruit, bouteille au vinaigre, &c.

Doch deze koppeling ge-schied niet altyd van twee *nominativi*, gelyk hier boven, en in duizend andere diergely-ken, welken wy niet op mo-gen haalen, te zien is; maar d'eene word bywylen in *genitivo* gesteld, als: *Schaaps-hoofd*, *schaapslever*, *varkens-darm*, *lamsvleesch*, *hartshoorn*, *elandtsklaauw*, en zeer veel anderen.

Men voegt ook dikwils een *substantivum* en een *adjectivum* tesamen, om 'er een eenig kop-pelwoord af te maaken, als by voorbeeld: *geldgierig*, *eer-gierig*, *rampzalig*, *reisvaardig*, *gewinzuchtig*, enz.

Mais cét accouplement ne se fait pas toûjours de deux No-minatifs, comme il se peut voir cy-dessus, & en mille autres semblables, que nous ne sçau-rions specifier : mais l'un est quelquefois mis au Genitif, comme : teste de mouton, foye de mouton, boyau de porc, chair d'agneau, bois de cerf, corne d'Elan, & quan-tité d'autres.

L'on joint aussi fort souvent un substantif & un Adjectif, pour en faire un mot composé, comme par exemple : Avare, ambitieux, miserable, prest à partir, avide de gain, &c.

Het Getal.

Le Nombre.

Een.	Un.	Achtien.	Dix-huit.
Twee.	Deux.	Négentien.	Dix-neuf.
Drie.	Trois.	Twintig.	Vingt.
Vier.	Quatre.	Een-en-twintig, enz.	Vingt & un, &c.
Vyf.	Cinq.	Dartig.	Trente.
Zes.	Six.	Veertig.	Quarante.
Zéven.	Sept.	Vyftig.	Cinquante.
Acht.	Huit.	Zestig.	Soixante.
Négen.	Neuf.	Zéventig.	Soixante & dix.
Tien.	Dix.	Tachtig.	Quatre-vingt.
Elf.	Onze.	Négentig.	Quatre-vingt & dix.
Twaalf.	Douze.	Honderd.	Cent.
Dartien.	Treize.	Twee honderd, enz.	Deux cent, &c.
Veertien.	Quatorze.	Duizend	Mille.
Vyftien.	Quinze.	Tien maal honderd duizend	
Zestien.	Seize.		
Zéventien.	Dix-sept.		

of duizend maal duizend.   De een - en - twintigste.

Millioen.   *vingt & uniéme.*

De twee - en - twintigste. *vingt & deuxiéme.*

De eerste.	*Le premier.*
De tweede.	*Le second.*
De darde,	*Le troisiéme.*
De vierde.	*Le quatriéme.*
De vyfde.	*Le cinquiéme.*
De zesde.	*Le sixiéme.*
De zévende.	*Le septiéme.*
De achtste.	*Le huitiéme.*
De négende.	*Le neuviéme.*
De tiende.	*Le dixiéme.*
De elfde.	*L'onziéme.*
De twaalfde.	*Le douziéme.*
De dartiende.	*Le treiziéme.*
De veertiende.	*Le quatorziéme.*
De vyftiende.	*Le quinziéme.*
De zestiende.	*Le seiziéme.*
De zéventiende.	*Le dix-septiéme.*
De achtiende.	*Le dix-huitiéme.*
De négentiende.	*Le dix-neuviéme.*
De twintigste.	*Le vingtiéme.*

De darrigste.	*Le trentiéme.*
De veertigste.	*Le quarantiéme.*
De vyftigste.	*Le cinquantiéme.*
De zestigste.	*Le soixantiéme.*
De zéventigste.	*Le soixante & dixiéme.*
De tachtigste.	*Le quatre-vingtiéme.*
De négentigste.	*Le quatre-vingt-& dixiéme.*
De honderdste.	*Le centiéme.*
De twee honderdste.	*Le deux-centiéme.*

Een maal.	*Une fois.*
Twee maal, enz.	*Deux fois. &c.*

Ten eersten.	*Premiérement.*
Ten tweeden.	*Secondement.*
Ten darden.	*En troisiéme lieu.*
Ten vierden.	*En quatriéme lieu.*

Fin de la Grammaire.

Chez le même Libraire qui a imprimé la presente Grammaire, se trouve la Porte des Langues, ou la Nouvelle Introduction à la Langue Françoise & Flamande, of nieuwe inleiding tot de Fransche en Duitsche Taal, &c. Disposée par colomnes & enrichie d'une infinité de Figures pour representer tout ce qu'il y a de plus curieux dans le monde ; & c'est un excellent Livre pour apprendre ces deux Langues en même temps, au sortir de la Grammaire dont la Porte des Langues est comme l'Appendice.

F I N.